书本外的精彩课程

王 英　刘永奇　主编

中国发展出版社
CHINA DEVELOPMENT PRESS

图书在版编目（CIP）数据

书本外的精彩课程 / 王英, 刘永奇主编. -- 北京：
中国发展出版社, 2024.7

ISBN 978-7-5177-1413-2

Ⅰ.①书… Ⅱ.①王… ②刘… Ⅲ.①课程—教学研
究—学前教育②课程—教学研究—小学 Ⅳ.①G612
②G622.3

中国国家版本馆CIP数据核字（2024）第018366号

书　　　名：书本外的精彩课程
主　　　编：王　英　刘永奇
责 任 编 辑：王　沛
出 版 发 行：中国发展出版社
联 系 地 址：北京经济技术开发区荣华中路22号亦城财富中心1号楼8层（100176）
标 准 书 号：ISBN 978-7-5177-1413-2
经 销 者：各地新华书店
印 刷 者：北京博海升彩色印刷有限公司
开　　　本：710mm×1000mm　1/16
印　　　张：13.5
字　　　数：180千字
版　　　次：2024年7月第1版
印　　　次：2024年7月第1次印刷
定　　　价：58.00元

联 系 电 话：（010）68990630　68360970
购 书 热 线：（010）68990682　68990686
网 络 订 购：http://zgfzcbs.tmall.com
网 购 电 话：（010）88333349　68990639
本 社 网 址：http://www.develpress.com
电 子 邮 件：174912863@qq.com

编 委 会

目　录

乐坊

乐趣

一、我和古人有个约会

（一）鲁班的传说

相传，木匠的祖师爷为鲁班。

鲁班（公元前 507 年—公元前 444 年），姓公输，名般，亦作班、盘，人称公输盘、公输般、班输，尊称公输子，又称鲁盘或者鲁般，惯称"鲁班"，春秋时期鲁国人，古代著名的建筑家。

他不仅能修建屋室，还能建造"云梯"等攻城的武器。相传，他创造了"木牛流马车"，发明了曲尺、墨斗等木匠工具，还发明了磨子、碾子等石制工具，对木器

鲁班

制作特别是木制家具的制作影响很大。鲁班一直被木工、石工、泥瓦匠等传统建筑方面匠人共同奉为祖师，被尊称为"祖师"。

历史故事

传说，有一天鲁班进山砍树时，不小心脚下一滑摔倒了，手被野草的叶子划破了。他觉得很奇怪，叶子怎么会把手划破呢？于是就摘下一片叶子轻轻一摸，原

来叶子两边有锋利的齿。他试着用叶片在手背上轻轻一划，果然划出了一道口子。

还有一次，鲁班在草丛里发现了一只螳螂，它的两条腿上也排列着许多小齿，所以能很快地磨碎猎物。

鲁班受到启发：如果做一个带齿的工具，不是就可以很快地锯断树木了吗？于是，他经过多次试验，终于发明了锯子，大大提高了锯割木材的效率。

交流学习

同学们，说一说你们从鲁班身上学到了什么。

（二）锯

知识园地

1. 什么是锯

锯是木工加工中非常重要的工具之一，它可以把需要加工的木料锯断或割开。一般可分为框锯、刀锯、板锯、曲线锯等。

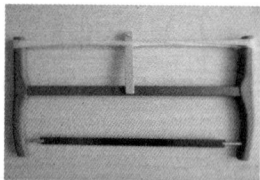

框锯

2. 锯的由来

考古学家发现，距今一万年的石器时代就已经有了带锯齿刃口的燧石刀，但还不能锯割木头。

燧石刀

公元前 2205 年—公元前 1766 年，中国人发明了锯子，和古埃及在同一时期。使用最初的锯子时，切割是拉动式的。

古罗马人有一种"框锯"，由三面木框和一面插入的金属刀身组合而成。这种锯子适合粗加工。框锯还可以制作成不同的尺寸，较大的框锯一般由两个人操作，木料两边各站一人反向拉动锯子锯割木料。

3. 锯的种类和使用方法

你知道这些工具的名称吗？试着说一说它们的用途。

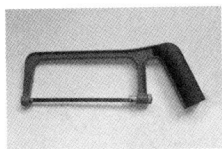

(　　)　　　　　(　　)　　　　　(　　)　　　　　(　　)

　　锯割木料，有时是直线锯割，有时是曲线锯割。同学们在操作的时候可以选择适合自己的小手工锯、框锯或板锯。锯割弧线、挖圆或不规则的曲线时，要使用曲线锯或钢丝锯。钢丝锯也叫线锯、锼弓子，用竹片做锯弓，牵引带齿的钢丝，可锯圆或挖孔。

> **搜索与探究：** 锯子还有很多的分类，请你查找一下不同样式的锯子，看看它们的结构和功能有什么特点，并和同学们进行交流。

📈 实践乐园

1. 锯的使用

　　锯割木料时，要先把木料固定好再进行锯割。锯割前，要检查锯条的松紧度，用调节螺母进行调整。锯割时，左手拇指抵住墨线，用锯条在墨线处轻轻拉出锯口，锯条要正对墨线锯割。锯割的幅度要大，速度要慢且稳；快要锯断时要轻轻拉动锯子，避免撕裂木料。

小手工锯　　　　　曲线锯　　　　　　框锯　　　　　　板锯

2. 创作操作

　　同学们可以在木板上画出自己喜欢的图形进行锯割练习。练习时要把木料固定好。

> **实践与操作：**请你尝试使用木工锯进行锯割练习。练习时要把木料固定好。同学们也可以试着进行曲线锯割操作。

3.展示评价

（1）你学会锯的使用方法了吗？

（2）在小组展示你的作品，推选出优秀作品向全班展示。

（3）虚心听取大家的评价。

（三）墨斗

知识园地

1.什么是墨斗

墨斗是中国传统木工作业中常见的工具，通常在测量、建造房屋时使用，可用来画长直线，由墨仓、墨线、线轮、墨签四部分组成。

墨斗

2.墨斗的文化

传说，墨斗是由鲁班发明的。有一次，他见到母亲在裁衣时用一个粉包和一根线弹出裁制的线迹，受到启发制作了墨斗。

墨斗不仅是木工行业常用的工具，还涉及其他行业，如造船业、石雕业、泥瓦匠，甚至是挖沟、垦田、测绘等需要拉长直线的地方，都会用到墨斗。

墨斗的发明

古时候，墨斗在木材加工中十分重要，很多锯割木板、木方时的画线，都离不开墨斗。木匠们对墨斗也是很爱惜的，因此，会有木匠们"见斗如见师尊"的说法。

3. 墨斗的结构和用途

墨仓：墨斗前端用来盛放墨汁的凹槽，在其中放入棉花可以暂时保存墨汁。墨仓前后各有一小孔，墨线从中穿过。

摇柄、线轮：摇柄连接线轮用来缠绕墨线。

墨线、挂钩：墨线一般选用棉线，一端连接线轮，另一端经过墨仓穿出，末端连接挂钩。墨线经过墨仓吸收墨汁，由挂钩固定在木头一端，将墨线提起弹在要画线的地方，用完将墨线绕回。

墨签：在木料上弹线时压线、画短线或做记号时使用的画笔，一般用竹片制作而成。笔尖会劈成细丝状，可吸取墨汁。

墨斗

> **搜索与探究**：关于墨斗有很多有趣的故事，还有很多分类。请你查找一下不同样式的墨斗，看看它们的结构和功能有什么特点，并和同学们进行交流。

📊 实践乐园

墨斗的使用方法

1. 左手拿墨斗，向墨盒内倒入墨汁把棉花染黑。

2. 在需要弹线的两端测量，用墨签蘸墨进行标记。

3. 先把墨斗的挂钩固定在木料一端的标记点，放松轮子拉出沾墨的细线，放线时可用墨签压住棉花。

4. 细线拉紧靠在木料的面上，对齐要弹线的另一端；用手在中间垂直提起细线，然后松开，便可在木料上弹出清晰笔直的墨线。

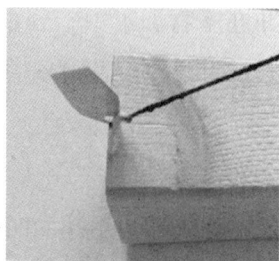

测量标记　　　　　　　　　　固定挂钩

提起弹线　　　　　　　　　　墨线清晰

墨斗的使用

使用墨斗弹线一定要注意，用手在中间提起墨线弹线时，要保证垂直于木面，不能左右晃动，避免弹出的墨线不直，造成弯线或是弧线，导致下料的板材被切割后出现弯度。

> **实践与操作：** 同学们，墨斗的使用方法你学会了吗？墨斗还有什么用途呢？请你查一查相关的资料，看看它还有哪些巧妙的用途，并和同学们进行交流。

（四）刨子

知识园地

1. 什么是刨子

刨子，是用来把木材表面刨平、刨直、刨光的

刨子

木工工具。从出土的文物看，刨子在宋元时期就出现了。

2. 刨子的由来

在刨子出现之前，加工木材用的工具叫作锄，即刮削。春秋时期，锄大多为铜制，也有少量铁制。随着铁器的广泛使用，战国时期的锄多为铁制。在刨子出现之前，锄还是比较常用的细平木工具，主要用来加工软木，因为加工硬木时会跳刀。

元代平推刨子

相传，刨子是在明朝时由罗马传入我国的，为明式家具的发展作出了重要贡献。刨子传入我国后，工匠们根据实际需要加以改进，形成了现在的推刨。

明代的《鲁班经》记录了有关明代平刨的使用方法。

削、锄工具

《鲁班经》

3. 刨子的结构和类别

刨子可分为平刨和异形刨两大类。平刨根据加工精度的不同，又可分为大刨、中刨、粗刨、细刨和光刨等。异形刨可分为圆刨、线刨、槽刨、一字刨、裁口刨和曲面刨等。

平刨 　　　　　　　　拉刨 　　　　　　　　一字刨

开槽刨 　　　　　　　曲面刨 　　　　　　　金属刨

刨子的类别

平刨由刨身、刨柄、刨刃、盖铁、木楔、螺丝等部分组成。刨身、刨柄和木楔一般使用硬木制作而成。刨刃使用优质钢制作，使用前要磨制锋利；盖铁用普通钢制成，起到卷曲刨屑的作用。

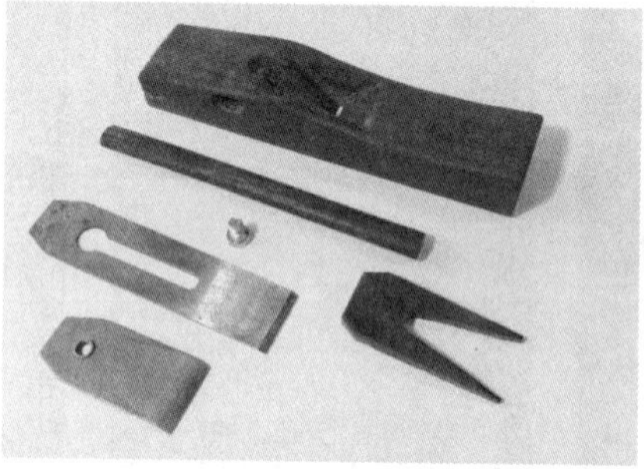

刨子的结构

搜索与探究：刨子是木工制作中一种非常重要的工具，你还见过哪些样式和材质的刨子，快来和同学们分享一下吧。

实践乐园

1. 刨子的使用方法

使用刨子前，要先安装刨刃，刨底朝上，观察刨刃是否平行，调整刨刃伸出量在 0.1 ～ 0.5 毫米之间。如果伸出过多，可以轻敲刨身尾端；如果伸出过少，可以轻敲刨刃上端。使用刨子后，要在刨身涂上一层机油，放在干燥通风的地方保存。每次用完后应将木楔敲松，将刨刃退回刨身，以免损坏刨刃。

进刃与退刃

刨削时，站在工作台左侧，双手握刨，食指压在刨腔两侧，向前施加压力，拇指压在刨柄后方的刨身上。运刨时，刨身紧贴加工面，向前刨削。

推刨姿势

刨削时要始终保持刨身平衡，避免造成木料不平整。在提起刨身准备下一次刨削时，刨刃不要在木料表面拖磨。

正确的刨削姿势　　　　　　　　错误的刨削姿势

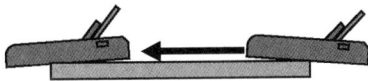

2. 刨子小故事

相传，鲁班每次刨削木料时，都需要让妻子用手顶住木料配合操作，不仅耽误时间，有时还会弄伤手。妻子思考之后，在鲁班工作的凳子一端钉上了两个木橛。鲁班一试，果然好用。后来，人们为了纪念这个发明，就起名叫"班妻"。

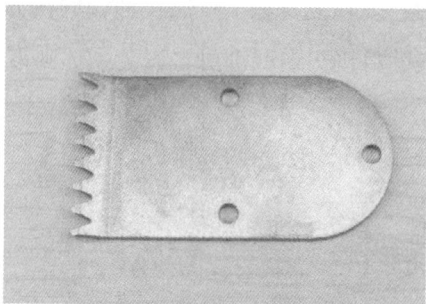

"班妻"

　　实践与操作：刨子的使用方法你学会了吗？有关刨子的知识你还了解哪些呢？动手来尝试使用刨子刨削一下木料吧。

二、会飞的玩具——竹蜻蜓

儿童玩耍竹蜻蜓

知识园地

1. 竹蜻蜓

竹蜻蜓是我国传统的民间儿童玩具。它是一个既简单又神奇的玩具，曾被西方传教士称为"中国螺旋"。

双手用力一搓，随即松开，竹蜻蜓就会向上飞起，旋转飞行一会儿，才会落下来。

2. 竹蜻蜓的由来

据传，公元前 500 年，中国人受到蜻蜓飞行的启发，制作了可以飞行一段时间的竹蜻蜓。晋朝（公元 266—420 年）葛洪所著的《抱朴子》一书有这样的记述："或用枣心木为飞车，以牛革结环剑以引其机，或存念作五蛇六龙三牛、交罡而乘之，上升四十里，名为太清。太清之中，其气甚罡，能胜人也。"其中的"飞车"被一些人认为是关于竹蜻蜓的最早记载。

葛洪《抱朴子》

3. 竹蜻蜓的玩法

玩耍时，将竹柄插入叶片的小孔中，双手掌夹住竹柄，快速一搓，随即松开，竹蜻蜓就会向上飞行，通常以飞得高、飞行平稳、飞行时间长为胜。

4. 竹蜻蜓的原理

竹蜻蜓的外形呈 T 字形，上端的横片像螺旋桨，中间有一个小孔，插入一根竹柄。双手前后搓动竹柄，竹蜻蜓便会旋转向上飞行。叶片旋转时将空气向下推，而空气也给竹蜻蜓一股向上的升力。升力和叶片的倾角有一定的关系：倾角大，升力大；倾角小，

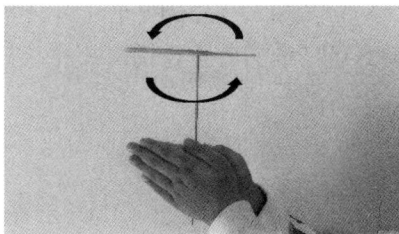

竹蜻蜓飞行示意图

升力也小。当升力大于竹蜻蜓自重时，竹蜻蜓便可向上飞起，当升力减弱时会落向地面。

> **搜索与探究：**同学们，我们的生活中就有以竹蜻蜓为原型制作的飞行器。请你找一找，研究一下这些飞行器的特点。

实 践 乐 园

1.制作竹蜻蜓的材料和工具

材料：竹板——长 20 厘米、宽 2 厘米、厚 5 毫米，竹签——长 20 厘米、直径 4 毫米。

工具：小手工锯、手摇钻、木锉、台钳、尺子、铅笔、砂纸等。

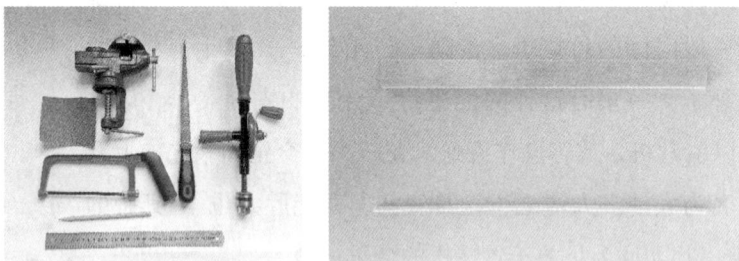

制作竹蜻蜓的材料和工具

2.制作方法

（1）根据设计，准备制作竹蜻蜓的材料和工具。

（2）在竹板上画出叶片形状，标记锉削位置。

（3）将叶片锉削成形，叶片要尽量锉削得薄一些，左右对称。

（4）将竹签垂直插入叶片，安装牢固，试飞调整。

1.在竹板上画出叶片形状，在锉削处画上阴影

2.在竹板中间打孔，用来安装手柄

3.使用木工锉按照画线标记将竹板锉削成形

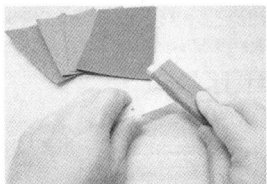

4.用粗砂纸打磨掉锉痕，使叶片表面平整、边角圆滑

5.用细砂纸进行抛光，使叶片表面光滑

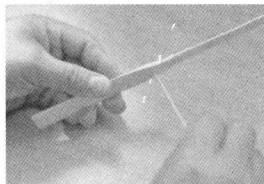

6.安装手柄要牢固，手柄和叶片保持垂直

7.测试竹蜻蜓，观察是否符合飞行标准

8.针对试飞过程中的问题，进行修整调试，完成制作

实践与操作：竹蜻蜓的制作也可以使用质地较轻的木料。

同学们，尝试制作一个竹蜻蜓，完成后比一比，看看谁的作品飞得高、飞得稳、飞行时间长。

3.展示评价

（1）你能制作出符合飞行标准的竹蜻蜓吗？

（2）在小组展示你的作品，推选出优秀作品向全班展示。

（3）虚心听取大家的评价。

4. 其他样式的竹蜻蜓作品

塑料竹蜻蜓　　　　　　　　推杆竹蜻蜓

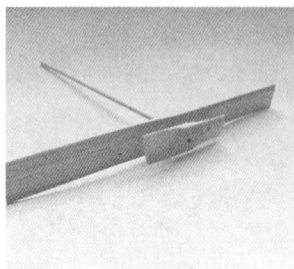

叠翼竹蜻蜓　　　　　三翼竹蜻蜓　　　　　拉线竹蜻蜓

> **创想无限**：竹蜻蜓在材质、造型上有很多变化，你打算制作一个什么样的竹蜻蜓作品呢？

拓展天地

达·芬奇是意大利著名的学者，他不仅是一名画家，也是一名科学家、发明家。他画过一张飞行器的草图，设想中的飞行器以弹簧为动力旋转，当达到一定转速时，就会把机体带到空中。驾驶员拉动钢丝绳，掌握飞行方向。这被认为是最早的直升机设计蓝图。

1796 年，英国人乔治·凯利（George Cayley）设计了第一架用发条做动力、能够飞起来的直升机，最高可升到 90 英尺（约 27 米）。

达·芬奇画的飞行器草图

乔治·凯利发明的直升机

1930 年 10 月，意大利人科拉蒂诺·阿斯卡尼欧（Corradino D'Ascanio）发明的直升机是公认的第一架现代意义上的直升机，在 18 米高度向前飞了 800 多米。D'Ascanio 的直升机采用的是共轴反转双桨技术。

直升机作为 20 世纪航空技术极具特色的创造之一，极大地拓展了飞行器的应用范围。直升机是典型的军民两用产品，可以广泛应用在运输、巡逻、旅游、救护等多个领域。当前实际应用的是机械驱动式的单旋翼直升机及双旋翼直升机，其中单旋翼直升机数量最多。

科拉蒂诺·阿斯卡尼欧发明的直升机

中国直-10 武装直升机

讨论交流：想一想、说一说，在我们的生活中，你还见过哪些与竹蜻蜓原理有关的物品？

三、榫卯的秘密——孔明锁

知识园地

1. 什么是孔明锁

孔明锁是中国民间的传统玩具，俗称鲁班锁、别闷棍。它同九连环、华容道、七巧板合称为中国古代四大益智玩具。

孔明锁，不用钉子和胶水就可以连接得非常牢固。它完全靠几根木棍的互相穿插连接在一起，木棍既互相支撑又互相咬合，固不可破。看似简单，却凝聚了古人不凡的智慧。

孔明锁看着结构简单，实际内藏玄机。游戏时必须仔细观察、认真思考，才能够把它组装起来。它是一个非常开发智力的玩具，破解孔明锁可以锻炼手脑协调能力和空间想象能力。

2. 孔明锁的由来

传说孔明锁是由三国时期蜀国丞相诸葛亮发明的。在人们心中，诸葛亮就是智慧的象征。鲁迅先生曾评论诸葛亮"多智近妖"。所以，传说孔明锁是诸葛孔明发明的比较符合大众共识。

3. 孔明锁的玩法及原理

孔明锁为什么不用一颗钉子就可以牢固组装在一起呢？它正是借用了中国传统木工中的"榫卯"技术，在木材上相对应的位置开槽，使木材在不同的维度相互支撑、咬合，从而固不可破。

孔明锁有很多种样式，右图是最简单的三棒孔明锁，由三根木棍两两相互垂直相互穿插组合而

三棒孔明锁

三棒孔明锁结构图

成，非常牢固。制作时，分别在三根木棍中心开槽，然后按照先后顺序插接组装完成。

> **搜索与探究：** 同学们可以研究一下孔明锁的结构，制定相应的游戏规则。我们的生活中有很多地方都运用了孔明锁的榫卯结构，请你仔细观察，和大家分享你的发现。

▮ 实践乐园

1.制作孔明锁的材料和工具

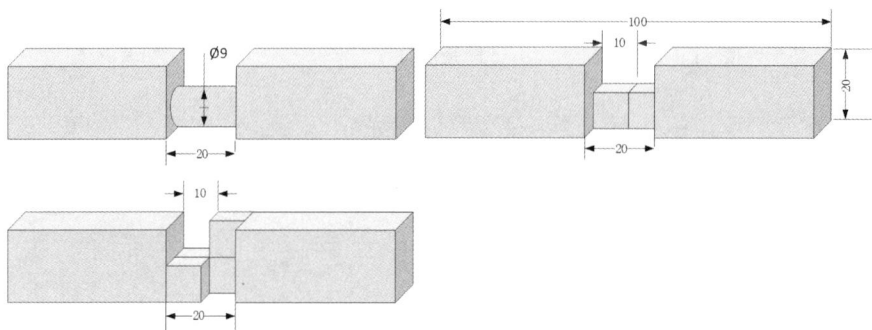

材料：三根 20 毫米 ×20 毫米 ×100 毫米的木方。

工具：小台钳、小手工锯、曲线锯、凿子、锤子、锉刀、砂纸、直角尺、铅笔。

2.制作方法

（1）准备三根木方，规格为 20 毫米 ×20 毫米 ×100 毫米。仔细观察图中开槽的位置和尺寸。

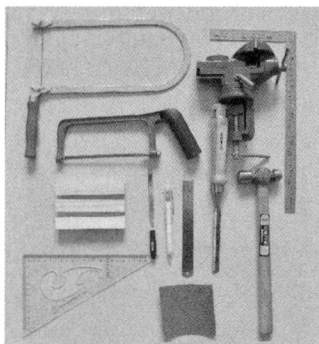

制作材料和工具

三棒孔明锁尺寸图

（2）参照尺寸图进行画线。锯割线要准确并与木方垂直，可以借助直角尺进行画线。

（3）锯割槽口。锯割时，沿画线在槽口的内侧进行锯割，留出打磨的余量。槽口底部的锯割可以使用曲线锯完成，也可以根据槽口大小选择合适的凿子制作。

（4）使用锉刀把槽口锉削平整。

（5）组装测试，要拼插顺利、平直。最后用砂纸打磨光滑。

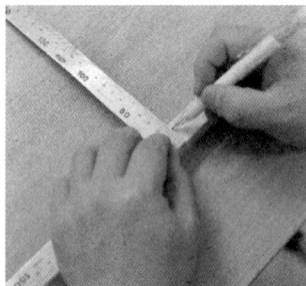

画线

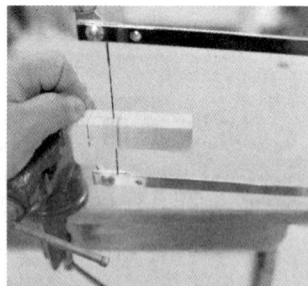

锯割槽口

曲线锯开槽

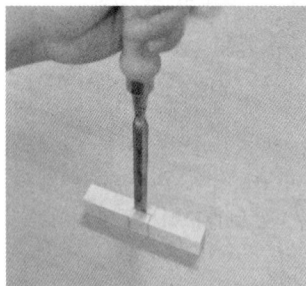

凿子开槽

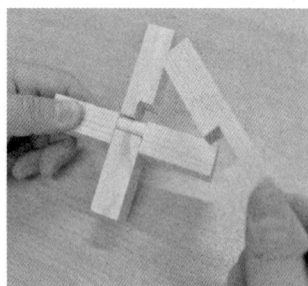

修整槽口

组装测试

> **实践与操作：** 请你尝试制作一个"孔明锁"，制作完成后和同学比一比，看看谁制作的孔明锁榫卯更合缝。

3. 展示评价

（1）你能制作出结构标准、组装顺滑的孔明锁吗？

（2）在小组展示你的作品，推选出优秀作品向全班展示。

（3）虚心听取大家的评价。

4. 其他样式的孔明锁作品

三通孔明锁

其他开槽样式三棒孔明锁

其他样式孔明锁

> **创想无限**：如果想制作一个"孔明锁"，除了使用木料，还可以选择什么材料？"孔明锁"还可以有什么变化？

🔍 拓展天地

孔明锁是一种很有意思的益智玩具，看似简单，实际结构严谨，互相支撑。孔明锁这样的榫卯结构在我们生活中很常见。

榫卯结构建筑

榫卯是一种极为精巧的构件连接方式，不仅牢固稳定而且极具艺术价值。中国传统的木结构建筑中大多使用了榫卯结构，这些建筑经历千百年的风雨依然屹立不倒，完全得益于榫卯结构。

榫卯结构不仅应用在宏伟高大的建筑中，在我们的生活中也无处不在。利用孔明锁结构制作的家具、台灯等，是现代生活与传统工艺的完美结合。

> **讨论交流**：想一想，在我们的生活中，还有哪些与孔明锁结构相似的物品？请你找一找，并与同学交流你的发现和探索成果。

孔明锁台灯

孔明锁桌子

四、最后一块哪儿去了——七巧板

知识园地

1. 什么是七巧板

七巧板也称"七巧图""智慧板",由七块板组成,是一种古老的中国传统智力玩具。在明清时期,七巧板就广泛流行于民间了。当时所记录的七巧板图案有人物、文字、动物、器皿、服饰、亭台、舟船等十大类。变化多样的小玩具,让很多人爱不释手。

七巧板

七巧板由七块板组成,完整图案为一个正方形,包括大、中、小五块等腰直角三角形、一块正方形和一块平行四边形。据记载,七巧板可拼成1600种以上的图形。

2. 七巧板的由来

现代的七巧板是在《燕几图》与《蝶翅几》的基础上发展出来的。清陆以湉《冷庐杂识》卷一中写道:"宋黄伯思燕几图,以方几七,长短相参,衍为二十五体,变为六十八名。明严澂蝶几谱,则又变通其制,以句股之形,作三角相错形,如蝶翅。其式三,其制六,其数十有三,其变化之式,凡一百有余。近又有七巧图,其式五,其数七,其变化之式多至千余。体物肖形,随手变幻,盖游戏之具,足以排闷破寂,故世俗皆喜为之。"

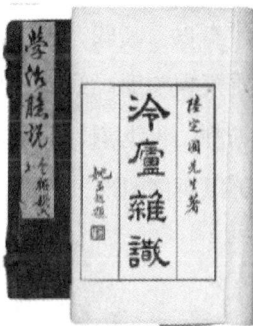
《冷庐杂识》

3. 七巧板的玩法

七巧板是一种拼图游戏,用七块板拼摆出千变万化的图形。板与板之间要有连接,如点的连接、线的连接或点与线的连接。

七巧板的其他玩法：

（1）按图拼摆：按照提供的图形拼摆。

（2）依形拼摆：根据图案的外形拼摆。

（3）自主创新：可按自己的想法进行拼摆。

（4）趣味数学：利用七巧板组合证明数学问题。

> **搜索与探究：** 七巧板的历史悠久，请你查找一下与七巧板有关的资料，研究一下七巧板的游戏方法和拓展应用。

实践乐园

1. 制作七巧板的材料与工具

材料：薄木板

工具：手工锯、尺子、铅笔、砂纸等

2. 制作方法

按照制作需求，准备薄木板，打磨平整。在薄木板上画线，为了方便准确，可使用裁好的纸质模板辅助画线。使用手工锯按照画好的线进行锯割。将锯割好的七巧板打磨光滑。制作好后就可以拼摆图形了。同学们快来试试吧。

制作工具和材料

按照设计画线

按照画好的线锯割

打磨光滑

拼摆图形

实践与操作：请你尝试制作一个七巧板，看一看谁的七巧板制作得更规整，比一比谁能拼出更多的图形。

3. 展示评价

（1）你学会七巧板的制作方法和玩法了吗？

（2）在小组展示你的作品，推选出优秀作品向全班展示。

（3）虚心听取大家的评价。

4. 其他材质的七巧板

厚卡纸材质的七巧板

橡胶材质的七巧板

创想无限：如果让你制作一个七巧板，还可以选择什么材料来制作？应该怎样处理和使用，才能符合使用要求？

拓展天地

1. 七巧板中的出入相补原理

利用七巧板可以阐明若干重要几何关系，其原理便是古算术中的出入相补原理。

出入相补又称以盈补虚，是古代中国数学中一条用于推证几何图形的面积或体积的基本原理。

2. 七巧板的拓展玩具

奇趣变化的各类巧板

在七巧板的基础上进行变化，如十五巧板、十三巧板以及俄罗斯方块样式的巧板等，可以拼摆出样式多变的图形。

各种各样的巧板玩具

讨论交流：在我们的生活中，有许多和七巧板有关的物品，请你仔细找一找，并与同学交流你的发现与探究成果。

五、曹操往哪里逃——华容道

三国华容道

知识园地

1. 什么是华容道玩具

华容道是中国民间益智游戏，一种滑块类的游戏，在边框内，按照游戏规则移动滑块，最后将目标从出口移出，游戏结束。它同七巧板、九连环等传统益智玩具一起被统称为"中国的难题"。

2. 华容道历史介绍

"华容道"原是中国古代的一个地名，《资治通鉴》注释中说"从此道可至华容也"，"华容"就是指华容县城。华容道相传是曹军向华容县城逃跑的路线。华容县城现隶属于湖南省岳阳市。

华容道样式图

3. 华容道的样式和玩法

华容道有一个横四竖五共二十个方格组成的棋盘，棋盘下侧有一个两方格出口。四个方格一组为曹操，关羽占横向的两个方格，其他四将——张飞、赵云、马超、黄忠各占纵向的两个方格，四个小兵分别占一个方格。

游戏时，通过移动棋子，把曹操从棋盘下方出口移出，游戏结束。不能跨越棋子移动，开动脑筋，尽量用最少的步骤完成游戏。

> **小提示**：关羽是完成游戏的关键，同学们要灵活利用四个小兵，考虑周全，发挥各枚棋子的作用。同学们也可以自己制定游戏规则。
>
> **搜索与探究**：华容道游戏玩法多样，同学们开动脑筋研究一下华容道不同的开局玩法，制定相应的游戏规则，也可以通过查阅相关资料了解历史。

实践乐园

制作工具和材料

1.制作华容道的材料与工具

材料：木条、三合板

工具：尺子、铅笔、手工锯、台钳、砂纸、乳胶

2.制作方法

（1）按照棋子设计在木块上画线，分为2厘米×2厘米木块1块、1厘米×2厘米木块5块、1厘米×1厘米木块4块。

（2）按照画好的线将木块锯割成形，并打磨光滑。

（3）制作华容道边框，预留出口，粘接在三合板上。

（4）在方块上写上人物名字。测试棋子滑动是否顺畅。

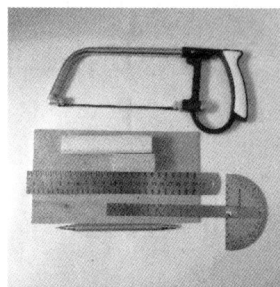

按照设计在木块上画线

锯割棋子并打磨光滑

制作华容道边框

组装测试进行游戏

实践与操作：请你尝试制作一个华容道玩具，和同学比一比，看看谁能够帮助曹操成功逃生。

小提示：摆放棋子的托盘要留有余量，便于棋子滑动。

3. 不同材质的华容道

用硬纸板制作的华容道

创想无限：如果想要制作一个华容道玩具，除了使用木块，还可以选择什么样的材料？想一想应该如何制作。

拓展天地

数字推盘游戏，也叫数字华容道，常见的是十五数字和八数字推盘游戏，也有难度高的二十四子、三十五子。游戏时，移动板上的方块，让所有的方块按照数字的次序排列。此外，还有以图画代替数字的推盘游戏。

讨论交流：想一想，在我们的生活中，还有哪些与华容道相似的玩具，请你找一找，并与同学交流你的发现与探究成果。

六、伴我长大的玩具——陀螺

抽陀螺

知识园地

1.什么是抽陀螺

抽陀螺是我国传统民俗体育游戏，使用鞭绳抽打一个下端为圆锥形的木块，使其不停旋转。

陀螺多为木制，下端为圆锥形，上大下尖，在尖底嵌入钢珠减小摩擦。游戏时，用鞭绳缠绕陀螺，将陀螺尖头着地，然后将绳抽出使其旋转起来，再用鞭绳抽打，陀螺便会不停旋转。抽打得越用力，陀螺旋转越快，故此得名"抽陀螺"。在我国不同地方，陀螺叫法也有所不同，在北方的一些地方叫作"冰猴"或"皮老尖"，闽南称作"干乐"。

2.陀螺的历史介绍

陀螺的历史比较悠久，早在宋朝时期就出现了类似陀螺的玩具，叫作"千千"。它是一个长约3厘米的针形物体，放在圆盘中，用手撑着旋转，比谁转得最久。

"陀螺"一词，最早出现在明朝，成为当时儿童的玩具。在《帝京景物略》中有"杨柳儿活，抽陀螺"的记载。

3.陀螺的原理和玩法

陀螺在旋转的时候，一边围绕自身做自转运动，一边绕垂直轴做螺旋运动。所以，陀螺转动时并不垂直于地面。陀螺能够稳定旋转与转速有很大关系：如果转得慢，摆动大，稳定性就差；反之，转得越快，摆动越小，稳定性则越好。

陀螺有很多种玩法，一般以抽打为主。抽陀螺的方法，一种是水平抽法，将陀螺向前抛出，陀螺离手后向后抽绳，陀螺会在地面旋转；另一种是垂直抽法，把陀螺从头顶上向地面甩出，落地后便会旋转起来。

陀螺游戏也可以用来进行比赛，可以比拼谁的陀螺转得时间长。还可以画一个圆圈，让陀螺在圈内旋转，出圈者算作失败。

搜索与探究：陀螺的种类、材质以及玩法多种多样，你们还见过哪些陀螺，知道它们的玩法吗？让我们也来一场抽陀螺比赛吧。

实践乐园

1.制作陀螺的材料和工具

材料：8厘米×5厘米×5厘米木块（或直径5厘米、长8厘米圆木块）、直径4毫米钢珠、30厘米长木棍、100厘米长粗线绳

工具：木工锉、壁纸刀、台钳、手摇钻、锤子、直尺、铅笔、圆规、砂纸等

制作材料和工具

2.制作方法

（1）在木块两端确定中心，用圆规在两侧端面画直径5厘米的圆。

（2）按照画好的线将木块锉削成圆柱体，也可以直接使用相似规格的圆柱体木料。

（3）在木块侧面下三分之一处画线，使用木工锉将陀螺底部锉削成圆锥形。锉削时，要一边锉一边转动，避免造成偏重心。

（4）使用手摇钻在陀螺锥体顶部打一个浅孔，深度超过钢珠的一半；然后用锤子将钢珠轻轻敲入孔中，为了安装牢固，可在孔中涂抹强力胶。

（5）使用砂纸将陀螺表面打磨光滑。

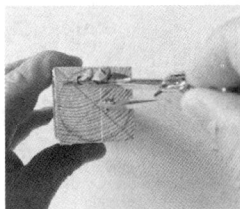

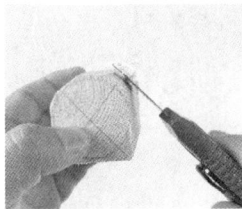

两端画圆　　　　　　用壁纸刀削成圆柱　　　　也可用锉刀锉削成圆柱

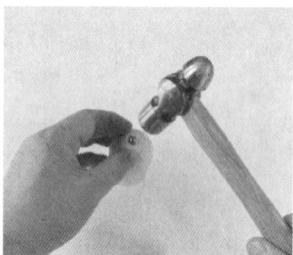

在侧面三分之一处画线	把陀螺底部锉削成锥体	用手摇钻在底部打浅孔

把钢珠敲入孔中	用砂纸打磨光滑	陀螺制作完成

实践与操作：请你尝试制作一个木质陀螺，和同学比一比，看看谁的陀螺转得稳、转得久。

小提示：制作陀螺锥体时要边锉削边观察，如果发现偏重心要及时调整。

3. 不同样式的陀螺

陀螺不仅玩法层出不穷，材质、样式也是种类繁多。陀螺不仅有常见的木质材质，也有金属、塑料、纸等其他材质的；有适合成人健身的手抛陀螺、巨型陀螺，也有适合儿童玩耍的手捻陀螺、拉线陀螺、指尖陀螺等。

手捻陀螺	拉线陀螺	指尖陀螺

金属陀螺	塑料陀螺	纸条陀螺	手抛陀螺

> **创想无限**：制作陀螺玩具，除了使用木块，还可以选择什么样的材料？想一想应该如何制作。

拓展天地

1. 陀螺运动

打陀螺比赛。1995 年，打陀螺成为全国少数民族传统体育运动会正式比赛项目，2003 年更名为陀螺。陀螺比赛分为攻方和守方，守方先旋放陀螺，攻方抛掷自己的陀螺击打守方陀螺，将守方陀螺击出场外或比守方陀螺在场内旋转时间更长就可得分。

打陀螺比赛

2. 陀螺应用

陀螺不仅是一个玩具，还蕴含了丰富的科学原理。随着科技的发展，科学家根据陀螺的力学特性研发了陀螺仪。陀螺仪可以准确地提供方位、速度等信号，不仅用于航海，在航空、航天领域也有广泛应用。

陀螺仪模型

> **讨论交流**：想一想，在我们的生活中，还有哪些与陀螺相似的玩具，请你找一找，并与同学交流你的发现与探究成果。

七、古老的儿童玩具——拨浪鼓

知识园地

1. 拨浪鼓

拨浪鼓由鼓身和手柄组成，鼓身两侧有两颗小球，转动手柄时，小球敲击鼓面发出声音。

古时候，拨浪鼓作为一种乐器出现，属于膜鸣乐器的一种。在我国，很多民族都有拨浪鼓，只是各个地区的称呼不同。如古时的鼗（táo），藏语称达玛如、卓尼鼓，纳西族称为东巴鼓、手摇鼓。

拨浪鼓

2. 拨浪鼓历史知识

据记载，在新石器时期的彩陶中，发现过疑似鼓的器物。拨浪鼓出现在鼓之后，1978 年在湖北随县擂鼓墩出土的战国时期的青铜建鼓，底座中插着一根立柱，立柱的中央是鼓，鼓身为木质。建鼓的形态很像一只大型的拨浪鼓。

鼗

拨浪鼓历史非常悠久，据记载，它在礼乐、商业、儿童玩具三个领域起着重要的作用。

早期的拨浪鼓称为"鼗"。鼗是一种打击乐器，通过摇动双耳敲击鼓身发声，多用于宫廷雅乐。

鼗流入民间后，演变成民间敲击器具。古代的货郎走街串巷时就会摇动拨浪鼓招揽客人。南宋李嵩《货郎图》中，货郎的手里就拿着一具颇为考究的拨浪鼓。

随着时代的发展，拨浪鼓逐渐成为儿童的玩具。很多家庭用拨浪鼓哄小孩儿，通过敲击拨浪鼓吸引宝宝的注意力，锻炼他们的视听能力。

3. 拨浪鼓的玩法

拨浪鼓既可以单手玩，也可以双手玩。单手握住手柄左右转动，或双手掌夹住手柄前后搓动，旋转鼓身甩动两侧小球来敲击鼓面发声。同学们不仅可以有节奏地敲击，还可以通过调整手柄转动的快慢来变换节奏，锻炼协调能力。

实践乐园

1. 制作拨浪鼓的材料和工具

拨浪鼓的鼓身多为木质，用羊皮、油纸等作为鼓面，用木珠、瓷珠制作双耳。现代也有塑料和金属材质的拨浪鼓。同学们还可以利用生活中比较容易找到的材料进行制作，如纸筒、牛皮纸等。

材料：硬纸筒、牛皮纸、瓷珠或塑料珠、长细木棍、彩绳等

制作材料和工具

工具：直尺、铅笔、剪刀、锥子或手摇钻、胶棒等

2. 制作方法

（1）筒身用一个直径7厘米、高4厘米的硬纸筒。手柄用20厘米的长细木棒。

（2）用锥子或手摇钻在纸筒两侧打孔，用来穿彩绳。在绳头系上塑料珠用来敲击鼓面，注意绳子长度要能达到鼓面中间位置。在垂直侧孔的筒壁打孔，用来安装手柄，可以在筒内侧用热熔胶固定。

（3）沿硬纸筒外侧在牛皮纸上画出鼓面大小的形状，粘接鼓面时一定要绷紧。裁剪时留出粘接边，长度2厘米，剪成齿形便于粘接；然后在鼓身粘一圈纸条，固定侧边。

（4）制作完成后要进行测试，检查粘接是否牢固。可以转动拨浪鼓，观察敲击位置是否合适，听一听声音是否清脆。

（5）最后可以对拨浪鼓进行装饰。

测量标记打孔位置　　　　　使用锥子打孔　　　　　　从侧孔穿入彩绳

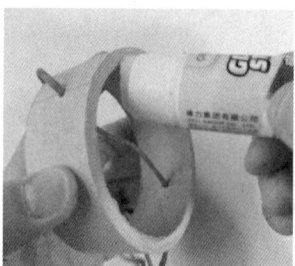

在筒顶位置涂胶　　　　　对齐鼓面粘接牢固　　　　侧边剪成齿形粘接

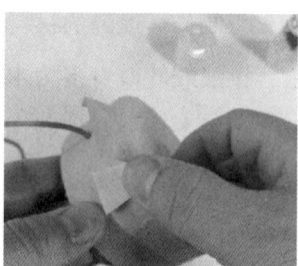

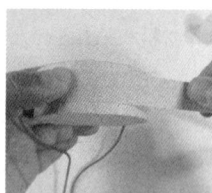

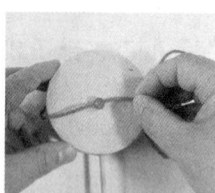

粘接纸条固定侧边　　　安装手柄　　　在线绳上穿上珠子　　测试调整，完成制作

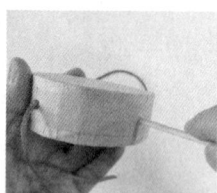

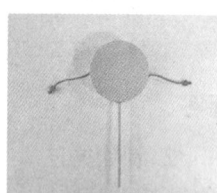

实践与操作：尝试制作一个拨浪鼓，比一比谁的拨浪鼓敲击的声音更清脆。如果有条件，可以制作一个木质的拨浪鼓，鼓身、鼓面、鼓柄等都可以使用木质材料。

3. 拨浪鼓的材质

拨浪鼓的制作材料有很多种，鼓身一般是木质或竹质的，也有用泥或硬纸板制作的。鼓面用羊皮、牛皮或纸制成，其中以木身羊皮面的拨浪鼓最为典型。

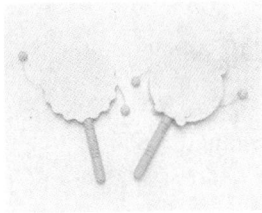
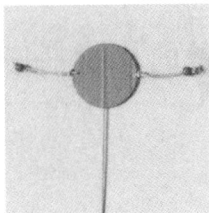
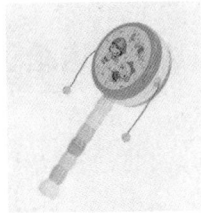

| 羊皮拨浪鼓 | 木质拨浪鼓 | 纸板拨浪鼓 | 塑料拨浪鼓 |

创想无限： 拨浪鼓的制作材料可以有很多种，样式也可以根据自己的喜好进行设计，想一想应该如何制作。

拓展天地

拨浪鼓和其他鼓一样，都是我国传统的打击乐器。据记载，中国与美索不达米亚、古埃及、古印度同为世界上鼓的最早发源地。中国不仅鼓的品种多，而且鼓文化的艺术形式也非常丰富。

陕北的安塞腰鼓一般由多人演奏，表演者高高跃起，展开双臂奋力击鼓。整个表演像龙腾虎跃、风起雷鸣，振奋人心，甚至可以达到人鼓合一、冲闯腾越，既显示集体精神，又突出个性之美，被称为"天下第一鼓"。

铜鼓舞是以铜鼓为主，由芦笙、大鼓等乐器作为伴奏，一般在节日或重大活动时才进行表演。铜鼓上的图案表现了古代农耕民族、沿海渔民的文化创造，也可以探寻今日民间舞蹈中的遗存，主要在壮、苗、彝、瑶、水、布依等民族中流传。

| 安塞腰鼓 | 铜鼓舞 |

讨论交流： 你还见过哪些鼓？你知道它们的文化背景和用途吗？和同学们分享一下你的发现吧。

八、送给爸爸的礼物——核桃车

知识园地

1.什么是核桃车

核桃车，也叫核桃风车、响核桃、拉线风车，是传统的民间儿童玩具。把核桃打孔，用木条连接起来，在木条上缠绕一根线绳，不停拉动线绳，上边的核桃会不停旋转。

在过去，每到深秋时节，孩子们都会自己动手或在家长的帮助下，用核桃制作一个神奇且有意思的玩具——核桃车。下课后、放学路上都可以拿出来玩，体验与小伙伴共享玩具的乐趣。

核桃车

2.核桃车的玩法及原理

在玩核桃车的时候，我们可以借助旋转的惯性，把拉出的线绳缠绕在回转轴上，往复拉动线绳，使核桃车不停旋转。

抻拉线绳时，用力要适度，有节奏地拉动和松开线绳。通过反复练习和尝试，达到熟练操作的程度，这样玩起来会更有意思。

制作核桃车玩具，不仅可以提高动手能力，也可以提升同学们的操控能力和手脑协调能力。

> **搜索与探究：**同学们可以研究一下核桃车的结构和玩法，制定相应的游戏规则。找一找生活中还有哪些类似的游戏玩具。

实践乐园

1.制作核桃车的材料和工具

材料：核桃、木棒、线绳、垫片

工具：手摇钻、粗铁丝

2.制作方法

（1）准备两个核桃，一个核桃底部打孔，另一个核桃居中打孔，上下打通，横向再打一个孔。

制作材料和工具

（2）用粗铁丝弯折一个小钩，将三孔核桃掏空。

（3）把线绳从侧孔穿入，再从底部拉出。侧面线绳系在短木棒上，作为拉手；另一端系在长木棒上，作为主轴。将木棒从三孔核桃中穿出后，插入单孔核桃并固定。

两只核桃分别打孔

自制工具将核桃掏空

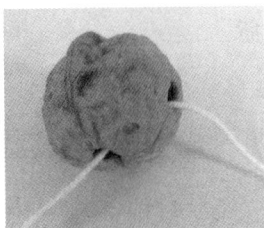

线绳从侧孔穿入，底部穿出

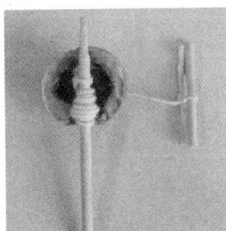

核桃内部结构

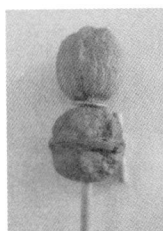

组装测试转动效果

实践与操作：请你尝试制作一个核桃车，和同学比一比，看看谁的核桃车拉动的次数多。

上边的核桃要重一些，便于转动；下边的核桃要掏空，减小阻力。木棒系绳处刻一圈槽口，这样线绳会系得更牢。

3. 不同形式的核桃车

顶端叶片核桃车

侧叶片核桃车

创想无限：如果想要制作一个核桃车，除了选择使用核桃外，还可以选择什么材料？想一想应该如何制作。

拓展天地

核桃车是一个很有意思的玩具，还有很多与它相似的玩具，如拉哨、悠悠球、空竹等。

拉哨，儿时的玩具，一般都是自己制作的，由一根绳子和一个大塑料扣组成。绳子要用比较结实的材质，如尼龙线，否则容易断。扣子越大越好，没有扣子也可以用圆片代替。将汽水瓶盖或者啤酒瓶盖砸平后打两个小孔，把绳子穿入双孔打结就做好了。拉哨的玩法很简单，拉住绳子两头向前甩几圈，然后不停抽拉，圆片就会旋转起来，还会伴有哨声。

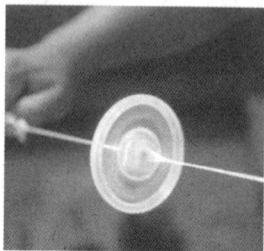

拉哨

据记载，悠悠球球最早出现于古希腊，是一种用于狩猎和格斗的工具。经过不断创新与发展，悠悠球逐渐成为一项人们喜爱、花式繁多、极具观赏性的技巧运动。

抖空竹是一项老少皆宜的运动项目。空竹的材质和样式多种多样：有单头的，也有双头的；有木质、竹质、塑料的，也有金属材质的。经过不断发展，抖空竹成为传统的杂技项目。2006年5月20日，抖空竹经国务院批准列入第一批国家级非物质文化遗产名录。

悠悠球

空竹

讨论交流：想一想，在我们的生活中，还有哪些与核桃车相似的玩具？请你找一找，并与同学交流你的发现与探究成果。

乐享

一、防身健体跆拳道

同学们都接触过跆拳道吗？有没有被跆拳道炫酷的动作与技能吸引呢？跆拳道是一种格斗项目，能够防身自卫，也能作为一种运动技能锻炼身体，但是很多学生对于跆拳道了解较少。下面就用七节课来简单介绍跆拳道，帮助学生进行跆拳道练习。

第一课　跆拳道的文化小知识

小朋友们：我是小跆，你们知道跆拳道这项运动吗？你对它有多少了解呢？今天小跆就带领大家了解跆拳道的一些小知识，希望小朋友们认真学哦！

1.跆拳道的概念

"跆"是指用腿脚通过跳跃、踢和踹等各种动作进行攻击和防卫。

"拳"是指用手击打或阻击等各种强有力的攻击和防卫的搏击动作。

"道"是指人应该走的正确道路，是精神的修炼。

跆拳道是通过修炼跆、拳的技术以发挥力量，通过不断的精神修炼来提高道德境界的武道，是跆、拳、道三者合一的武道。

2.跆拳道运动的特点

跆拳道项目最大的特点是以腿法为主、以手法为辅进行攻击，攻击方法简捷实用，动作刚直相向。跆拳道技术中 80% 左右是腿法，主要是因为在实战比赛中腿的攻击力量远远大于手，且跆拳道的腿法攻击范围广、威力大，是跆拳道比赛中主要的得分手段。在跆拳道的实战中多使用拳、掌、臂等动作进行格挡防守，然后以快速的腿法组合连续攻击对方。跆拳道主要为直接攻击，或接触防守，很少使用闪躲避让法，用简明硬朗的方法直接打击对方是最有效的方式。

3.跆拳道的级别和段（品）位

跆拳道水平的高低以"级""段""品"来划分，"级"分为十级至一级，十级水平最低，一级较高。一级以后入"段"，段位从低到高分为一至九段。

腰带的颜色代表着选手的水平，从低到高依次为白带（十级）、白黄带（九级）、黄带（八级）、黄绿带（七级）、绿带（六级）、绿蓝带（五级）、蓝带（四级）、蓝红带（三级）、红带（二级）、红黑带（一级、一品至三品）、黑带（一段至九段）。

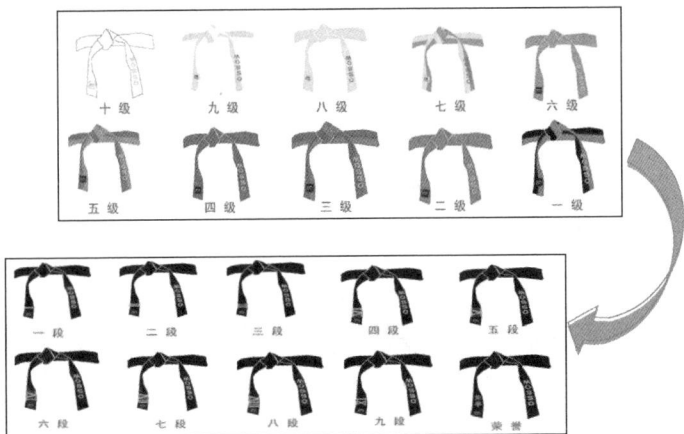

4.跆拳道的精神

跆拳道精神主要讲究礼仪、廉耻、忍耐、克己、百折不屈。其中，礼仪指尊重他人人格、谦虚待人、不诽谤和侮辱他人。廉耻要求尊重自我，出现错误时要及时改正自己，努力使自己成为正直和有道德的人。忍耐代表无论遇到何种困难都要忍耐且克服。克己是指训练当中由于对方的失误而受到攻击时要克制自己，约束自己，不能攻击别人。百折不屈表示意志要坚强，无论受到多少次挫折，都不退缩或屈服。

小朋友们：你们能告诉小跆，跆拳道腰带每个颜色代表的意思吗？你们是什么级别呢？

第二课 练习跆拳道前的准备活动

小朋友们：你们知道吗？在做任何运动前都要做一些准备活动，这些活动既可以是身体上的活动，也可以是有关器材或环境的准备，跆拳道也不例外。下面呢，小跆就带领你们了解一些跆拳道的准备工作。

1.安全准备

（1）不能留长指甲与长脚指甲，身上不能挂坚硬的配饰。

（2）每次活动前，都要做好准备活动，腰、腿、膝盖等部位要重点活动。

（3）练习时要有安全意识，在对练时要注意保护好自己与对方。

（4）跆拳道练习中一定要进行柔韧训练。

（5）一定要在空旷的场地练习。

2.衣着准备

（1）白色道服、腰带、道鞋。

（2）有条件的可以在家准备脚靶。

道服 脚靶

3. 腰带的系法

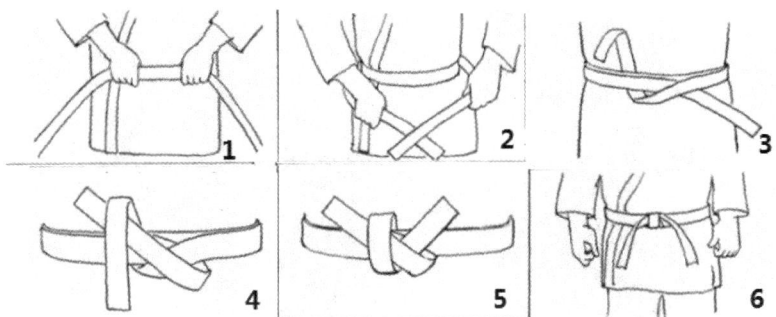

第三课 跆拳道的礼仪知识

　　小朋友们：跆拳道是一种讲究礼仪的运动项目，礼仪是跆拳道精神的具体体现，又被称为"礼节"。礼仪是学习跆拳道项目必备的行为要求。温和谦逊的言语、友好的态度以及虚心自省的作风都是跆拳道运动员必须具备的素质。跆拳道运动员对同伴、教练都要敬礼，对坐姿、站姿也有要求。让我们学习一下这些礼节吧！

学一学

1. 立正

立正是最基本的礼仪，代表一个人内心正直，同时也表达出对他人的恭敬与尊重。

动作规格：双脚并拢，双手握拳自然下垂，放在身体两侧，拳心朝内，紧贴大腿两侧。

2. 敬礼

敬礼主要表达对别人的敬重。

动作规格：面向对方并步直体站立，上体前屈 45 度，鞠躬敬礼，礼毕，还原成直立。

立正 　　　　　　　　　 敬礼

3. 坐姿

坐姿主要指学员在坐下时的姿态与礼仪。跆拳道中始终把礼仪放在第一位。

动作规格：坐下与起立时不得以手扶地，盘腿坐下，脚尖向后绷，双手握拳，拳心向下，放在膝关节上，上体自然放松、沉稳。

坐姿 　　　　　　　　 向国旗敬礼

4. 向国旗敬礼

国旗是国家的象征，跆拳道礼仪中对国旗致敬，表达了对国家的忠诚和热爱。

动作规格：在立正的基础上，右手五指并拢，拇指扣压虎口位置，放于胸前，收腹挺胸，双眼目视国旗 5 秒。

第四课　跆拳道的基本技能——格挡

小朋友们：你们知道跆拳道的"格挡"吗？顾名思义，"挡"就是挡住的意思。在比赛时，我们可以用格挡的动作阻拦对方的各种攻击，以保护自身的安全，同时也使对方得分无效。但是你们知道"格"的意思吗？"格"其实就是规格的意思，是指对跆拳道的动作有标准要求。这节课，小跆就带领大家一起学习格挡动作。

1. 上格挡

试 一 试

小朋友，你们知道吗？在跆拳道比赛中，击中对方头部、颈部能够使运动员得到更多的分数。为保护头部、颈部不受到攻击，运动员一般采用上格挡的动作保护自己。小朋友们，你们能不能依据图片的内容尝试练习一下上格挡的动作呢？

上格挡动作示范

学 一 学

动作规格：马步准备，以右手上格挡为例，双手握拳，两臂交叉，右拳位于左边腰带位置，左拳放于右肩，拳心朝内，右手由下向上外旋至头顶，拳心向前，左臂与头保持一拳的距离。右手向上旋转的同时，左手贴着身体向后顶肘，拳心向上。左右手防御的方法相同。

注意事项：在练习的过程中，两手臂交叉要均匀，身体放松，力达手腕。

练　一　练

（1）按照动作规格对照图片练一练，动作先慢后快。

（2）对照镜子练习上格挡，在练习过程中注意双手同时练习。

（3）可以拍视频，纠正自己的动作。

> **小朋友们**：你们能够标准地做出上格挡的动作吗？做给大家看看吧。你们肯定做得很棒！

2. 中格挡

试　一　试

小朋友们，在跆拳道比赛中，攻击对手的胸部、腹部也能够得分。下面就给大家介绍保护胸部和腹部的方法——中格挡。

小朋友们，你们能够依据图片尝试练习中格挡的动作吗？

中格挡动作示范

学　一　学

动作规格：马步准备，以右手中格挡为例，双手握拳，左臂伸直，拳心向下，右手臂弯曲，放于右肩膀外侧，拳心朝前，之后右手由后向前向内旋转，拳心向内，与肩同高。右手旋转的同时，左手贴着身体向后顶肘，拳心向上。左右手方法相同。

注意事项：腰板挺直，收腹挺胸，目视前方；在练习的过程中，每个动作都要发出声音，力达手腕。

练一练

（1）按照动作规格练一练，动作先慢后快。

（2）对照镜子练习中格挡，在练习过程中注意双手要同时练习。

（3）可以拍视频，纠正自己的动作。

（4）请爸爸妈妈或同学做评委，评价一下动作吧。

> **小朋友们**：你们能够标准地做出中格挡的动作吗？做给同学们看一看，让他们评价一下吧。

3. 下格挡

试一试

小朋友们，这节课我们学习下格挡。你们知道下格挡主要保护身体的哪些部位吗？在跆拳道实战中，当对方向着自己髋关节以下位置进行攻击的时候，下格挡就能起到很好的防守作用。

小朋友们，你们能够依据图片尝试练习下格挡的动作吗？试一试吧！

下格挡动作示范

学一学

动作规格：马步准备，以右手为例，双手握拳，手臂交叉，左拳位于右边腰带下方，拳心向下，与躯干约两拳距离，右拳置于左肩上，拳心向内；右手顺着左手臂向下向内旋转，伸直，拳心向下，与躯干保持两拳的距离。右手旋转的同时，左手贴着身体向后顶肘，拳心向上，双手同时发力，左右手防御的方法相同。

注意事项：右掌向下旋转时要顺着左手臂，伸直时，手臂发力要干脆利落。

练一练

（1）按照动作规格对照图片练一练，动作先慢后快。

（2）对照镜子练习下格挡，在练习过程中注意双手同时练习。

（3）可以拍视频，纠正自己的动作。

（4）请爸爸妈妈或同学做评委，评价一下动作吧。

> 小朋友们：你们能够标准地做出下格挡的动作吗？做给同学们看一看，让他们评价一下吧。

第五课　跆拳道的基本技能——步法

> 小朋友们：你们知道跆拳道中的步法吗？步法是竞技跆拳道的重要组成部分，比赛中的防守与进攻都需要依靠步法调整来进行，灵活多变的步法能帮助防守反击，也能主动出击。小朋友们，你们知道哪几种步法呢？看看下面小跆的介绍吧。

1.弹跳步

试一试

小朋友们，这节课我们学习弹跳步，弹跳步是利用双腿上下不停地弹跳，给对手制造错觉，干扰对手的攻防思路，以便选择适合自己进攻的方位，争取反击的空间和时间，从而达到进攻或者防御的目的，同时也是快速动起来的重要动作。

小朋友们，你们能够依据图片尝试练习弹跳步的动作吗？试一试吧！

弹跳步动作示范

学 一 学

动作规格：实战姿势准备，双手握拳摆高，双脚脚跟离地，双腿弯曲，利用脚尖和膝关节的弹性使身体向下、向上循环跳动。

注意事项：注意保持身体的平衡，在弹跳的同时身体重心落在两腿中间，两腿各占 50% 的力量。

练 一 练

（1）按照动作规格来练一练，动作先慢后快。

（2）对照镜子练习弹跳步，在练习过程中重心落在两腿正中间，弹跳动作幅度较小。

（3）可以拍视频，纠正自己的动作。

小朋友们：弹跳步是不是很简单？但是一定要注意幅度要小，脚掌有弹性。学会了可以教教别的小朋友。

2. 换步

试 一 试

小朋友们，这节课我们学习跆拳道中的实用步法——换步，换步是用来改变身体方向的步法，在跆拳道实战中经常会用换步来改变进攻或者防守的方向，同时也用以迷惑对方。

小朋友们，你们能够依据图片尝试练习换步的动作吗？试一试吧！

换步动作示范

学 一 学

动作规格：实战姿势准备，双脚脚跟离地，右脚掌蹬地同时发力，向左后方旋转 180 度，旋转的同时两腿贴紧，使两脚直线旋转互换位置，双脚落地后呈相反的实战姿势。

注意事项：换步时动作幅度不宜过大，重心落在两脚上，双手握拳随着身体变换方向。

练 一 练

（1）按照动作规格先一步一步对照图片练一练，动作先慢后快。

（2）对照镜子练习换步，在练习过程中幅度要小，动作要迅速。

（3）练习次数要多，可以结合其他步法组成组合动作练习。

（4）请爸爸妈妈或同学做评委，评价一下动作吧。

小朋友们：你们掌握换步的动作了吗？可以和同学们比一比，看看谁的动作最快。

3. 上步

试 一 试

小朋友们，你们接触过跆拳道中的上步吗？这节课我们学习跆拳道中的实用步法——上步。上步属于移动步法，在实战中主要用于引诱对方进攻或者逼迫对方后撤，一旦对方使用上步，自己就可以采用进攻技术攻击对方。

小朋友们，你们能够依据图片尝试练习上步吗？试一试吧！

上步动作示范

学 一 学

动作规格：实战姿势准备，以右脚为例，右脚脚跟离地，以左脚为轴，右脚脚掌贴在地面，向前直线跨出一步，身体朝反方向旋转 180 度。双手握拳自然摆放，双眼目视目标。左腿的上步方法相同。

注意事项：在练习上步的时候眼睛一定要看着目标，动作幅度不宜过大。

练 一 练

（1）按照动作规格练习分解动作，动作先慢后快。

（2）对照镜子练习上步，在练习过程中注意后脚幅度，以及手法的变换。

（3）练习时，可以两个人一组，一前一后，一人上步，一人练习后退步。

（4）可以拍视频，纠正自己的动作，练习熟练后加快速度。

（5）可以结合其他步法一起练习，形成组合动作。

> 小朋友们：你们掌握了上步的动作了吗？和同学们比一比，看谁的上步快。

4. 前滑步

试 一 试

小朋友们，这节课我们学习跆拳道中的前滑步。前滑步属于移动步法，在实战中主要用于引诱对方进攻或者逼迫对方后撤，一旦对方使用前滑步，自己则可以采用进攻技术攻击对方。

小朋友们，你们能够依据图片尝试练习前滑步吗？试一试吧！

前滑步动作示范

学 一 学

动作规格：保持实战姿势，后脚掌蹬地发力，前脚掌轻擦地面向前滑行10～20厘米，后脚随即跟上相同距离。左腿的前滑步方法相同。

注意事项：前脚前滑，后脚跟进，动作先前脚、后后脚，双脚滑行距离相同。

练 一 练

（1）按照动作规格先练习分解动作，先慢后快。

（2）对照镜子练习前滑步，在练习过程中注意幅度要较小，前后脚滑行距离相同。

（3）练习时，可以两个人一组，一前一后，一人练习前滑步，一人练习后滑步。

（4）可以拍视频，纠正自己的动作，练习熟练后加快速度。

（5）可以结合其他步法一起练习，形成组合动作。

小朋友们：你们掌握了前滑步的动作了吗？和同学们比一比，看看谁的前滑步快。

第六课　跆拳道的基本技能——腿法

小朋友们：你们知道吗？跆拳道以其变幻莫测、优美潇洒的腿法著称，被世人称为"踢的艺术"，这是跆拳道区别于其他格斗运动项目的一个重要特点。跆拳道的腿法灵活多变，对人体的灵敏度、协调性和反应速度都有很高的要求。今天小跆就带领大家了解跆拳道运用最多的腿法，希望你们都能够掌握这几种腿法。

1.前踢

试 一 试

小朋友们，你们知道下图中是什么腿法吗？这是我们要了解的前踢。前踢是跆拳道常用的腿法，能够很好地锻炼膝关节快速屈伸的能力和膝关节四周的肌肉，也是正面攻击对方的腿法之一。前踢也是学习横踢的基础。

　　小朋友们，你们能够根据图片尝试练习前踢的动作吗？试一试吧！

前踢动作示范

学　一　学

　　动作规格：实战姿势准备，以右前踢为例，以左脚为支撑，右脚脚掌蹬地，迅速提膝，将小腿与大腿贴紧。同时脚背绷直，小腿向上呈直线弹踢，双眼目视目标。左右腿的前踢方法相同。

　　注意事项：跆拳道品势里，前踢的脚背要绷直，脚趾向上勾起，用脚掌击打目标；在竞技中，前踢的脚背绷直。

练　一　练

　　（1）按照动作规格，手扶栏杆练习屈腿提膝动作。

　　（2）在屈腿提膝动作上，再增加出小腿与脚的动作，熟练后脱离手扶物体，自己单独练习。

　　（3）对照镜子练习前踢，在练习过程中注意脚背绷直。

　　（4）练习时，可以两个人一组，一前一后，一人拿靶，一人练习前踢。

　　（5）可以拍视频，纠正自己的动作。

　　（6）可以结合其他步法一起练习，形成组合动作。

小朋友们：你们掌握了前踢动作了吗？和小伙伴们比比谁的动作又快又好，谁能够在最短的时间完成10个快速前踢的动作吧。

2.前蹬

试一试

小朋友们，你们能说出下面图中的腿法吗？这是我们要了解的前蹬。前蹬的通俗说法是"踹腿"，可以用来锻炼腿的屈伸速度以及脚掌的力量，在实战中，可以用来攻击对手的腰腹部位。

小朋友们，你们能够依据图片尝试练习前蹬的动作吗？试一试吧！

前蹬动作示范

学一学

动作规格：实战姿势准备，以左脚为支撑，右脚脚掌蹬地，迅速提膝，将小腿与大腿贴紧，同时脚趾向上勾起，向前直线蹬出，用脚跟或脚掌发力，双眼目视目标。左右腿的前蹬方法相同。

注意事项：在练习时，提膝要快，身体的重心要在腿蹬出时向前移。

练一练

（1）按照动作规格手扶栏杆练习屈腿提膝动作，大小腿收紧。

（2）在屈腿提膝动作上，再增加出小腿与脚的动作，腿的路线往前，熟练后脱离手扶物体，自己单独练习。

（3）对照镜子练习前蹬，在练习过程中注意大腿带动小腿发力，用脚跟发力。

（4）练习时，可以两个人一组，一前一后，一人拿靶，一人练习前蹬。

（5）可以拍视频，纠正自己的动作。

> **小朋友们**：前蹬的动作有点难，你们知道前蹬时，是要向前上方用后脚跟击打别人吗？如果你知道了，就拿脚靶练习吧。

3. 横踢

试一试

小朋友们，你们能说出下图中是什么腿法吗？这是我们要了解的横踢。横踢是实战中使用最多、得分最高的腿法。横踢与前踢相似，两者的区别在于踢的时候，膝盖的方向不同，前踢时的膝盖方向是朝前上方，而横踢时的膝盖方向是在击打的一瞬间转胯朝向对方的腹部。

小朋友们，你们能够依据图片尝试练习横踢的动作吗？试一试吧！

横踢动作示范

学 一 学

动作规格：实战姿势准备，以左脚为支撑、右脚脚跟离地，脚掌蹬地，迅速提膝，将小腿与大腿贴紧，同时脚背绷直，提膝的同时左脚以脚掌为轴，向左转体 180 度，然后送髋，将右腿小腿弹出，用脚背击打目标；双手握拳，随着身体自然摆动，双眼目视目标。左右腿的横踢方法相同。

注意事项：跆拳道中的横踢是脚背绷直，提膝送髋，用脚背击打目标。

练 一 练

（1）按照动作规格手扶栏杆练习屈腿提膝动作，大小腿收紧。

（2）在屈腿提膝动作上，再转左脚，然后做送髋动作，最后再做小腿弹出动作，在熟练后脱离手扶物体，自己单独练习。

（3）对照镜子练习横踢，在练习过程中注意大腿带动小腿发力，用脚背绷直发力。

（4）练习时，可以两个人一组，一前一后，一人拿靶，一人练习横踢。

（5）可以拍视频，纠正自己的动作。

> **小朋友们**：你们掌握横踢动作了吗？和小伙伴们比比谁的动作又快又好，谁能够在最短的时间内完成 10 个快速横踢的动作吧。

4. 下劈

试 一 试

小朋友们，下页图中的腿法是下劈，下劈腿是跆拳道特有的腿法。其攻击特点是从上至下，对练习者的韧带要求比较高。只有在腿部韧带完全拉开、胯部完全打开的情况下才能发挥其巨大威力。

小朋友们，你们能够根据图片尝试练习下劈的动作吗？试一试吧！

下劈动作示范

学一学

动作规格：实战姿势准备，以左脚为轴，右脚脚掌蹬地，迅速提膝，将小腿与大腿贴紧，同时脚趾向上勾起，将腿向上直踢，在腿下落时，利用脚掌劈击目标的头部或肩膀位置；双手握拳随着身体自然摆动，双眼目视目标。左右腿的下劈方法相同。

注意事项：在练习时，踢起的脚要尽量向上抬高，这样下劈的时候更有力量。

练一练

（1）按照动作规格手扶栏杆练习屈腿提膝动作，大小腿收紧。

（2）在屈腿提膝动作上，再增加出小腿与脚的动作，退的路线往前，在熟练后脱离手扶物体，自己单独练习。

（3）对照镜子练习前蹬，在练习过程中注意挺身送髋，用脚掌击打对方。

（4）练习时，可以两个人一组，一前一后，一人拿靶，一人练习下劈。

（5）可以拍视频，纠正自己的动作。

小朋友们：你们掌握下劈动作了吗？和小伙伴们比比谁的动作又快又好，谁能够在最短的时间内完成10个快速下劈的动作吧。

第七课　跆拳道的基本技能——组合动作

> **小朋友们**：你们知道吗？在跆拳道技术体系中，组合动作是其中重要的一环。在刚开始接触跆拳道这项运动时，要用较多的时间来进行专门的步法和腿法练习。在后续学习中，更多的是进行不同的腿法与步法组合、步法与步法组合等。跆拳道中任意组合就是一种战术，练习者可以根据实战需要，编排不同的步法与腿法组合。

1. 弹跳步 + 横踢

试一试

小朋友们，在学习了步法和腿法之后，你们已经对跆拳道的一些基础动作有所了解。下面我们学习弹跳步 + 横踢的组合动作，这个动作能够很好地锻炼协调性与灵敏性，同时也能够增加腿部力量。

小朋友们，下面我们来试一试弹跳步 + 横踢的动作组合吧，相信你们一定能够做得很棒。

弹跳步 + 横踢动作示范

弹跳步 + 横踢动作示范（续）

学 一 学

动作规格：实战姿势准备，双手握拳摆高，双脚脚跟离地，双腿弯曲，利用脚尖和膝关节的弹性使身体向下、向上地循环跳动。看准时机之后实战姿势准备，以左脚为支撑、右脚脚跟离地，脚掌蹬地，迅速提膝。将小腿与大腿贴紧，同时脚背绷直，提膝的同时左脚以脚掌为轴，向左转体 180 度。然后送髋，将右腿小腿弹出，用脚背击打目标。双手握拳，随着身体自然摆动，双眼目视目标。

注意事项：跆拳道中，横踢时脚背要绷直，动作连贯、迅速，用脚背击打目标；在竞技中，横踢时脚背绷直。

练 一 练

（1）在屈腿提膝动作上，先转左脚，然后做送髋动作，最后再做小腿鞭打动作。

（2）对照镜子练习弹跳步 + 横踢动作，在练习过程中注意大腿带动小腿发力，用脚背绷直发力。

（3）练习时，可以两个人一组，一前一后，一人拿靶，一人练习横踢。

（4）可以拍视频，纠正自己的动作。

> **小朋友们**：你们掌握弹跳步 + 横踢组合动作了吗？和小伙伴们对练起来吧。

2. 前蹬 + 横踢

试 一 试

小朋友们，下面我们来学习前蹬 + 横踢的组合动作，这个动作能够很好地锻炼协调性、灵敏性，培养力量。

前蹬 + 横踢动作示范

学 一 学

动作规格：实战姿势准备，以左脚为支撑，右脚脚掌蹬地，迅速提膝，将小腿与大腿贴紧，同时脚趾向上勾起，向前直线蹬出，用脚跟或脚掌发力，双眼目视目标。之后迅速回归实战姿势，以左脚为支撑、右脚脚跟离地，脚掌蹬地，迅速提膝，将小腿与大腿贴紧，同时脚背绷直，提膝的同时左脚以脚掌为轴，向左转体180度，然后送髋，将右腿小腿弹出，用脚背击打目标；双手握拳，随着身体自然摆动，双眼目视目标。

注意事项：在练习时，重心要稳，动作标准连贯，提膝要快，每一个动作结束后都以实战姿势结尾，身体的重心要在腿蹬出时向前移。

练 一 练

（1）原地练习，按照动作规格练习每一个动作，动作标准之后进行下一个动作的练习。

（2）对照镜子练习前蹬＋横踢动作，在练习过程中注意每一动作的规格要求。

（3）练习时，可以两个人一组，一前一后，一人拿靶，一人练习前蹬＋横踢组合动作。

（4）可以拍视频，纠正自己的动作。

> **小朋友们：** 你们掌握前蹬＋横踢组合动作了吗？比一比，看谁的动作连贯又快速有力吧。

3. 横踢＋上步＋下劈

试 一 试

小朋友们，看见下面的图片了吗？这次的组合练习更难了，但是小跆相信你们一定能够完成横踢＋上步＋下劈的组合动作。

横踢＋上步＋下劈动作示范

横踢 + 上步 + 下劈动作示范（续）

学 一 学

动作规格：实战姿势准备，以左脚为支撑、右脚脚跟离地，脚掌蹬地，迅速提膝，将小腿与大腿贴紧，同时脚背绷直，提膝的同时左脚以脚掌为轴，向左转体 180 度，然后送髋，将右腿小腿弹出，用脚背击打目标。双手握拳，随着身体自然摆动，双眼目视目标，随后回归实战姿势准备，后脚掌蹬地发力，前脚掌轻擦地面向前滑行 10 ～ 20 厘米，后脚随即跟上相同距离上滑步动作，成实战姿势准备，以左脚为轴，右脚脚掌蹬地，迅速提膝，将小腿与大腿贴紧，同时脚趾向上勾起，将腿向上直踢，在腿下落时，利用脚掌劈击目标的头部或肩膀位置，双手握拳随着身体自然摆动，双眼目视目标。

注意事项：在练习时，每个动作衔接平稳，动作标准连贯，每一个动作结束后都以实战姿势结尾。

二、炫酷花样跳绳*

　　跳绳是我国一项传统体育运动，其器械简便，场地要求不高，动作技术可简可繁，是一项老少皆宜的健身运动。随着我国新课程改革的实施和阳光体育运动的开展，花样跳绳的兴起使跳绳这项古老的运动焕发了新的生机和活力，并以其独特的魅力，吸引了广大的跳绳爱好者。

　　在北方工业大学附属学校"一校四品"走班制体育教学改革中，选择花样跳绳项目的同学，通过学习掌握了一些花样跳绳的跳法，提高了身体综合素质，培养了努力拼搏、不怕吃苦以及团结协作的精神。本课程的设置是针对没有花样跳绳基础的同学，让他们能够通过学习，掌握一些简单的花样跳绳的跳法，提高对跳绳运动的兴趣，能够在课余时间里随时随地开展体育活动，让锻炼成为一种习惯。本节内容主要包括：了解跳绳，学习跳绳之前需做的准备工作，单人单绳基本步伐花样跳，甩绳花样跳，交叉花样跳和双摇花样跳，双人单绳花样跳，多人多绳花样跳七部分。希望同学们通过本课程的学习都能爱上跳绳这项运动！

　　　大家好，我是跳绳小赫。说起跳绳，大家都不陌生，我们每天的体育课都有练习。那么你知道跳绳运动的起源吗？你知道练习跳绳对我们的身体有什么好处吗？你了解花样跳绳吗？你能跳出几种花样来呢？……今天就跟着小赫一起走进这炫酷的花样跳绳世界，学习一些花样跳绳的跳法。没有花样跳绳基础的同学也不用担心，在这里我为你选择了一些简单的花样跳绳动作，跟着我认真练习，你一定能掌握炫酷的花样跳绳，让我们动起来吧！

---

*编者：何晓庆，毕业于首都体育学院，从事体育教学工作 11 年；崔冬春，毕业于北京第三师范学校，从事体育教学工作 39 年，有非常丰富的教学经验。《乐享——炫酷花样跳绳》是在北京师范大学毛振明教授"一校多品"走班制教学改革背景下，北方工业大学附属学校开展"一校四品"体育走班制教学改革的成果之一。

第一课　了解跳绳

> **小朋友们**：你对跳绳的了解有多少呢？今天小赫就给你讲讲跳绳的历史、益处以及跳绳运动的特点和花样跳绳的分类，让你快速了解这项运动，你要认真听哦。

1. 跳绳的历史

跳绳在我国有一千多年的历史，是我国民间的一种传统体育项目。据相关记载，在唐朝称跳绳为"透索"，每年阴历八月十五以"透索"为戏；明代称跳绳为"跳白索"；清代人形象地把跳绳称为"飞绳"。现代跳绳运动发展迅速，正在成为一种世界性的体育项目。今天，跳绳运动已经成为一项流行的有氧运动，除了传统的跳法，还增添了很多花样。

2. 跳绳的益处

跳绳是一种经济、高效、易学的运动健身项目，适用于大众健身，也适用于运动员进行体能训练。跳绳对人体的益处主要有以下五个方面：第一，提高身体综合素质；第二，锻炼多种脏器；第三，燃烧体内多余的脂肪；第四，提高智力；第五，预防疾病。

3.跳绳运动的特点

跳绳既是一项古老的运动，又是一项现代的体育运动。现代跳绳融入了体操、技巧、武术、街舞等元素，花样繁多，具有观赏性和娱乐性。它的特点主要表现为以下几点：第一，场地器械简单，价格低廉；第二，简便易练，参与人数不限，富有趣味性；第三，具有很高的健身价值；第四，相对安全；第五，具有较强的观赏性和竞技性。

4.花样跳绳的分类

花样跳绳的种类繁多，从人数的角度可以分为单人跳绳、双人跳绳和集体跳绳。按照绳子的长度又可以分为长绳、短绳和绳中绳。长绳可以分为单长绳、交互绳和网绳；短绳可以分为单绳和车轮跳。

跟你的爸爸妈妈讲一讲跳绳运动的历史和跳绳的好处吧。

第二课　学习跳绳之前需做的准备工作

1. 着装准备

由于跳绳运动的特殊性，衣着上要穿运动衣、运动鞋，此外还需注意以下几点。

（1）不要穿过于宽松的衣服，以免衣服掉下或者踩在脚下将自己绊倒。

（2）不要佩戴帽子、首饰或其他配件，以免摇动中的绳子打到或缠住配件，或者跳绳时配件掉落在地上扎伤、绊倒自己。

（3）确保鞋带已经系紧，以免跳绳时鞋带松开，绊倒自己。

（4）假如你有长头发，应把头发扎在脑后或者挽起，以免头发碰到或者缠住摇动的绳子。

2. 器材准备

竹节绳耐磨，不受低温影响，适合于各类型地面，由于绳子竹节的设计使绳子重量增加，重心稳定，适合初学者和花样练习。

竹节绳

初学者单脚踩住绳子的中间，以双手拉绳至腋下的长度为宜

熟练后单脚踩住绳子的中间，以双手拉绳至腰部的长度为宜

3.场地准备

生活中适宜的跳绳场地如下：

（1）塑胶运动场和篮球场。

（2）修剪过的草地。

（3）木地板。

（4）人工草坪。

（5）网球场。

4.身体准备

跳绳前一定要充分热身，活动各个关节、充分拉伸，避免运动损伤。

第三课　单人单绳基本步伐花样跳

1.并脚跳

学一学

动作方法：两手握住绳子的两端，由后向前摇绳，当绳即将落地前的一瞬间，双脚同时跳起，绳从两脚下摇转过，连续进行。

动作要点：摇一次绳并脚跳过，前脚掌轻巧着地。

练一练

（1）每次完成一次并脚跳。

（2）两手各握对折短绳一根，做原地并脚跳绳模仿练习。

（3）双手持绳慢速练习，熟练后逐渐加快速度。

并脚跳

2.开合跳

学一学

动作方法：两手持绳向前摇，当绳子过脚置于空中时，两脚跳跃并打开，膝盖呈微弯曲状态，当绳子快打地时，两脚合并跳过绳，一拍一动，完成开合跳。

动作要点：双脚跳开幅度与肩同宽，两脚有节奏地一开一合，脚各过绳一次，动作轻盈。

练 一 练

（1）徒手练习开合跳的动作。

（2）一手持绳在身体一侧模仿摇绳动作，同时脚下配合摇绳做开合跳。

（3）双手持绳慢速练习，熟练后逐渐加快速度。

开合跳

3. 提膝侧点地跳

学 一 学

动作方法：第一拍，两手持绳向前摇，当绳子过脚置于空中时，一脚向前上方提膝，另外一脚直立跳跃过绳；第二拍，提膝腿向支撑腿外侧做侧点地动作，双脚同时过绳；第三拍，还原成提膝动作；第四拍，还原并脚跳；另一侧重复动作完成一遍，左右各一次，完成提膝侧点地跳。

动作要点：提膝时大腿抬平要与地面平行；点地时要点在另一只脚的外侧。

提膝侧点地跳

练 一 练

（1）徒手练习提膝侧点地跳的动作。

（2）一手持绳在身体一侧模仿摇绳动作，同时脚下做提膝侧点地动作。

（3）双手持绳随着节拍一拍一动，先慢速练习，熟练后逐渐加快速度。

第四课　甩绳花样跳

1. 左右甩绳

学一学

动作方法：两手臂向前摇绳至一边体侧甩绳，绳子不过脚；接着甩绳至另外一边体侧，一拍一动，左右边各四次，完成左右甩绳。

动作要点：手臂放松，手腕旋转发力，双手在身体两侧靠拢，动作柔美。

练一练

（1）徒手练习腹前横向画"8"字的甩绳动作。

（2）一手持绳练习腹前横向画"8"字的动作，练熟后，再练另一只手，手腕放松。

（3）注意身体直立姿态，目视前方。

左右甩绳

2. 甩甩跳跳

学一学

动作方法：两手持绳做左右甩绳动作各一次，当绳子甩到身体正前方时，双手顺势张开，手臂回到身体两侧，手腕旋转摇绳，双脚过绳，做并脚跳。完成甩甩跳跳的动作。

动作要点：向左（右）甩绳时，右（左）侧手打开；当绳子甩至最高点时张开双手，变成并脚跳动作。

甩甩跳跳

练一练

（1）复习左、右甩绳动作，甩绳时两手腕放松。

（2）练习左右甩绳后，双手打开的动作。

（3）练习完整甩甩跳跳动作。

（4）注意身体姿态，目视前方。

3. 180 度转身单摇跳

学一学

动作方法：当双手向左（右）侧甩绳时身体顺势向左（右）侧转身 180 度（后背对着的方向），双手向后旋转发力带动绳子，变成反向单摇跳，完成 180 度转身单摇跳。

动作要点：身体随绳子侧甩转体，绳子摇甩至体前时转体 180 度。

180 度转身单摇跳

练 — 练

（1）徒手练习侧甩转体 180 度的动作。

（2）先练习向前摇绳，当绳子在向左（右）侧打地的同时，身体向左（右）侧转体 180 度；然后练习手腕发力向后旋转，反摇跳。

（3）完整动作练习。

第五课　交叉花样跳和双摇花样跳

1.单摇编花跳

学 — 学

动作方法：两手握住绳子的两端，由后向前摇绳，当绳子摇过头顶，两臂在体前交叉，手腕尽量伸出体外，当绳子即将落地前的一瞬间双脚随即跳起，着地后，两臂交叉不动，两手腕继续摇绳，绳子过头顶时，两臂打开。

动作要点：小臂腹前交叉，双手尽量往外侧伸，手的高度要一致。

单摇编花跳

练 — 练

（1）徒手练习体前交叉的动作。

（2）持绳练习一侧手臂先向前摇绳至体前交叉，脚下迅速踩住跳绳。

（3）完整动作练习，手腕放松，手与脚协调配合。

（4）注意身体直立姿态，目视前方。

2. 侧甩编花跳

学 一 学

动作方法：两手持绳向前摇至左侧打地一次，双脚不过绳；然后左手向前摇至身前交叉（左手在上，右手在下），双脚跳跃过绳一次；右侧和左侧动作方法一样，但方向相反。

动作要点：向左（右）侧甩时，右（左）手臂固定在腹前，甩绳不过绳，交叉过绳跳。

练 一 练

（1）徒手练习侧甩交叉的动作。

（2）持绳练习一侧手臂先向前摇绳至体前交叉，脚迅速踩住绳子。

（3）完整动作练习，手腕放松，手与脚协调配合。

（4）注意身体直立姿态，目视前方。

侧甩编花跳

3. 基本双摇跳

学 一 学

动作方法：两手持绳呈基本准备动作，当两脚起跳腾空时，手腕旋转发力，使绳体跃过头顶通过脚下绕身体两周。

动作要点：手腕迅速发力，两摇一跳，身体直立。

练一练

（1）徒手练习双摇摇绳动作，手腕旋转发力，随之配合起跳练习。

（2）持绳练习一次一摇两跳的双摇跳动作。

（3）练习跳 2～3 次的单摇跳加一次双摇跳动作。

（4）练习连续双摇跳，手部尽量固定在髋关节两侧，尽力跳高一点，做到前脚掌着地，富有弹性。

（5）注意身体直立姿态，目视前方。

基本双摇跳

第六课 双人单绳花样跳

1. 正向一带一跳

学一学

动作方法：两人面对面站立，一人两手持绳，做向前摇绳的并脚跳，持绳者两臂尽量前伸摇绳，当同伴跳过绳子后，随即跳起过绳。

动作要点：两人起跳节奏一致，持绳者摇绳稳定。

练一练

（1）两人无绳模拟练习正向一带一跳的动作，两人同时喊节拍，节奏要一致。

（2）持绳者单手持绳模拟摇跳练习，两者练习摇跳节奏。

（3）完整动作练习，手与脚摇跳配合，熟练后逐渐加快速度。

正向一带一跳

2. 双人单绳依次单摇跳

学一学

动作方法：两人外侧手各持绳子的一端，一人将手柄摇向另一人体侧，使之完成一次单摇跳，接着换另一人跳，完成双人依次单摇跳。

动作要点：给同伴摇绳时，位置要靠近其身体一侧，两人摇绳要同步。

双人单绳依次单摇跳

练一练

（1）两人徒手练习体前横甩"8"字的动作。

（2）单人单手持绳练习体前横甩"8"字的动作。

（3）两人同持一绳，先为其中一名同学摇绳；熟练后再交换练习。

（4）完整动作练习，边练习边喊节拍，保持节奏一致。

3. 双人单绳换位跳

学一学

动作方法：两人并排站立，外侧手持绳，由并排跳成前后重叠的位置，同时脚下过绳一次，然后当跳绳摇至头顶时，把绳换到另一只手持绳，分别向对方位置跳开，进行并排跳。

动作要点：重叠时前后距离适中，交换绳柄和脚下过绳同步，时机要准确。

双人单绳换位跳

练一练

（1）徒手练习确定换位走向。

（2）持绳练习跳成重叠位置的动作。

（3）持绳练习，进行手部交换绳柄的练习。

（4）完整动作练习。

第七课　多人多绳花样跳

1.双人基本车轮跳

学一学

动作方法：两人各持一绳，并排站立，以右手为例：相近手臂一侧的绳子体后相互结绳交换，右手绳子在上，左手绳子在下。两人同时先摇起右侧绳体，当绳体到头顶处，同时迅速摇起左手绳子，两人同侧手同步摇绳，左右手保持一上一下，相差180度，并依次做基本单摇跳。

动作要点：同侧手同步摇绳，左右手保持一上一下。

双人基本摇车轮跳

练 一 练

（1）单人徒手练习摇绳动作，边做边喊"1、2、1、2"的节拍。

（2）单人每只手各持一根绳练习摇绳动作，手臂以车轮状做摇绳练习。

（3）两人并排练习，各持双绳进行车轮跳动作，并配合下肢的起跳。

（4）完整动作练习。

2. 绳中绳跳

学 一 学

动作方法：绳中绳跳是在长绳中跳短绳。摇绳者两人相对站立摇起手中的绳子，跳绳者一人或多人同时手持短绳进入或依次进入长绳中，随长绳摇起的节奏一起在长绳中跳短绳。

动作要点：短绳的摇跳节奏与长绳摇绳节奏协调，跳绳者进入长绳与打开短绳时机准确。

练 一 练

（1）跳短绳者在外面跟着摇长绳者一起匀速有节奏地练习跳短绳。

（2）跳绳者站到绳子中间，练习跳长绳。

（3）跳绳者持短绳，把摇短绳与长绳的节奏交叉上，练习绳中绳跳。

（4）完整动作练习。

绳中绳跳

3.三人基本车轮跳

学 一 学

动作方法：三人各持一绳，同向自然站立，内侧绳在体后结绳交叉，外侧两人手臂分别以车轮状正向交替摇绳，内侧人两手臂同步摇绳，依次轮换跳过绕体一周的绳子，即完成三人基本车轮跳动作。

动作要点：外侧两人车轮状摇绳，内侧人同步摇绳，内侧人绳体摇至头顶时起跳过绳，即先跳起，后摇绳。

练 一 练

（1）外侧两人复习车轮跳；内侧人手臂同步摇绳，绳体摇至头顶时跳起练习。

（2）三人并排站立，无绳模拟练习：外侧两人两臂呈车轮状，内侧人进行同摇，配合外侧两人进行模拟摇绳，熟练后配合下肢摇跳练习。

（3）三人双手持绳进行车轮跳慢动作练习，重点体会内侧人的摇跳节奏。

（4）完整动作练习。

三人基本车轮跳

三、疯狂的沙包*

沙包运动是一项民间传统体育运动，因其制作简单、方法多样，受到很多人的喜爱。沙包运动的场地可大可小，参与人数可多可少，不管在学校与同学一起游戏，还是课余时间与家人、玩伴一起游戏，都非常适合。

《乐享——疯狂的沙包》通过对沙包游戏的收集、归纳、开发及分类，把沙包游戏按照培训学生跑、跳、投、灵敏、协调等方面的能力进行设计，整理出适合小朋友在家或在户外与家人、玩伴一起开展的沙包游戏。本课程的学习，让小朋友们了解沙包的历史及制作方法，在与家人及玩伴们一起进行各种各样的沙包游戏的同时，培养学生的跑、跳、投、灵敏、协调等方面的能力，在锻炼身体的同时还能增进与家人及玩伴之间的感情，让运动成为一种习惯。

> 沙包是我国民间传统的体育游戏，相信同学们都玩过，但是你了解沙包吗？你知道沙包的历史吗？你会制作沙包吗？你知道多少种沙包的玩法呢？下面就让我们一起去了解它吧！

第一课　沙包的历史简介

沙包属于民间传统运动项目，在 20 世纪六七十年代曾经风靡一时。原因有很多，其中较为主要的一个原因是这是战场上投手榴弹的一种游戏化，另一个是沙包运动比较简单，对于场地和器材没有特殊要求，参与度也很高。

丢沙包是中国经典的儿童集体游戏之一。丢沙包由来已久，最早可以追溯到远古时代，人类的祖先就会用石头等硬物来击打猎物，随着时代的发展，人们开始用沙包代替石头进行投掷。

---

*编者：何晓庆，毕业于首都体育学院，从事体育教学工作 11 年。《乐享——疯狂的沙包》课程是 2020 年北京市石景山区立项的区级一般课题《沙包游戏在小学低中年级的有效运用的研究》（课题编号：SJS2020B11）的研究成果之一。

丢沙包

随着经济发展和娱乐方式的增多，丢沙包这种游戏已经淡出孩子们的视线。由于其制作简单、易取材，亲手缝几个沙包就是经济、环保的好玩具。无论在校园、胡同还是自家的院子，只要有一片空地，就能热火朝天地玩起来。沙包游戏不仅能发展跑、跳、投等方面的能力，还能提升协调性、灵敏度等方面的素质，快让沙包成为你的好玩伴吧。

讲 一 讲

（1）跟爸爸妈妈讲一讲有关沙包的历史。

（2）请爷爷奶奶、爸爸妈妈讲一讲他们小时候玩过的沙包游戏。

第二课　沙包的制作方法

沙包的制作方法非常简单，家中常用的五谷、沙子等，均可用来塞入沙包，也可将太空棉和谷物混合填充，这样做出的沙包较轻。常见的沙包有六面体（正方形）和四面体（三角形）两种。

大家好！我是六面体
（正方形）沙包。

大家好！我是四面体
（三角形）沙包。

赶快准备一些材料，和你的爸爸妈妈一起动手做几个好玩的沙包吧！

1. 六面体（正方形）沙包的制作方法

第一步：剪裁

首先要收集碎布，平时做衣服的边角料不要扔掉，或者用废旧衣服也可以，把布剪成大小一样的六片正方形，备用。

第二步：缝成立方体

（1）先分别把四块正方形的布的一边缝到一块正方形布的四个边上。

（2）这样就形成了一个十字，然后把周围四块布的相邻两边缝起来。

（3）这样就形成了一个没有盖的立方体，然后把最后一块正方形布缝到立方体空着的四个边上。

（4）缝最后一边时留下一半先不要缝。

第三步：翻立方体

把缝好的立方体从空隙处翻过来，这样把毛边的部分翻到里面，外面的边就变得整齐好看了。在缝的时候需要注意，把所有毛

边向外缝，这样翻过来，毛边才会都在内部。

第四步：填沙子或太空棉等

从没缝上的缺口处填进填充物，不要填太多了，差不多沙包的四分之一就可以，如果沙包做得小，可以适当多放些。

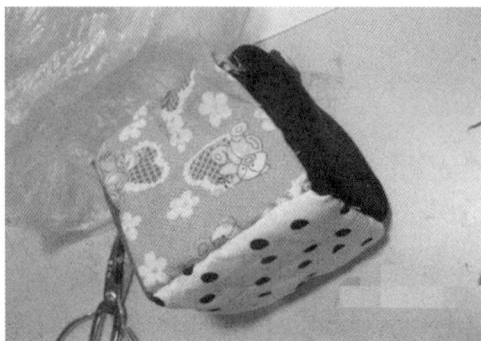

第五步：封口

把填好填充物的沙包剩下留口的地方缝好，要把两个毛边都向里折，然后缝起来才可以，这样沙包就完成了。

2.四面体（三角形）沙包的制作

在爸爸妈妈的帮助下，仿照六面体（正方形）沙包的制作步骤，做几个四面体（三角形）的沙包吧，可以填充不同的填充物，让你的沙包更丰富哟。

做 一 做

（1）你还能做出什么样的沙包？赶快试一试吧。

（2）和你的小伙伴一起分享你的劳动成果吧！

第三课　沙包的玩法分类

你知道沙包有哪些种类的玩法吗？让我给你讲讲吧。

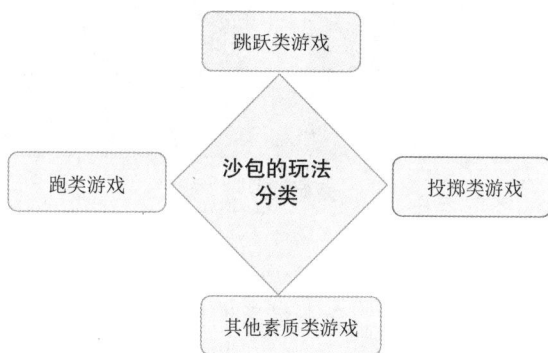

跳跃类游戏

跑类游戏　　沙包的玩法分类　　投掷类游戏

其他素质类游戏

说 一 说

（1）你都玩过哪些种类的沙包游戏？

（2）和小朋友聊一聊，看看他们都玩过哪些种类的沙包游戏。

第四课　跑跳类沙包游戏

游戏一：双脚掷沙包

游戏方法：两人一个沙包站在中线处，开始石头、剪刀、布，获胜的同学面向自己的终点线，用脚夹住沙包，跳起后小腿向前甩，将沙包向自己终点线的方向掷出，然后两人走到沙包落地处再次石头、剪刀、布。如此反复，谁最先到达自己的终点线谁就获胜。

游戏规则：（1）只能用脚把沙包掷甩出去。

（2）沙包落地后不能踢沙包。

这个游戏可以提高你的跳跃能力和身体的协调能力哦。

双脚掷沙包

练 一 练

妈妈做裁判，跟爸爸比一比，看看最后谁会获胜。

游戏二：抢沙包比赛

游戏方法：把沙包放在中线上，两人分别站在两侧的起跑线上，听到开始的口令后，同时从两边跑向中线去抢沙包。先抢到沙包的同学拿着沙包快速往回跑，没抢到沙包的同学快速去追抢到沙包的同学，抢到沙包并顺利返回者为胜。

游戏规则：（1）听到"跑"的口令后出发。

（2）追到拿沙包的小伙伴时要轻拍肩背，不能推拉。

（3）跑过起跑线不再追击。

这个游戏可以提高快速跑的能力，培养灵敏性与快速反应能力。

抢沙包比赛

赛一赛

和你的小伙伴一起游戏，看看谁会获胜。

游戏时一定要注意安全为先，友谊第一哦。

游戏三：夹包跳接力跑

游戏方法：四人一组，共分为两组，当听到跑的口令后，每组的第一人双脚夹着沙包跳向标志线，把沙包夹到标志线上，快速跑回，与本组后一人击掌。然后本组第二人快速跑向标志线，双脚夹着线上的沙包跳回起点……依此类推，最先完成接力的队伍获胜。

游戏规则：（1）听到"跑"的口令后出发。

（2）击掌后再出发。

（3）夹包跳时不能用脚踢沙包。

这个游戏可以提高跳跃能力、奔跑能力以及协调性。

夹包跳接力跑

赛 一 赛

不仅可以和小伙伴们游戏，还可以和家人们一起游戏，这时可以让爷爷奶奶当裁判，家里的年轻人都参赛，这肯定很热闹，不过游戏时一定要注意安全哦。

游戏四：踢包比远

游戏方法：两人一组，一人用脚夹沙包，跳起将沙包用双脚抛起，然后在沙包落地前用一只脚将沙包踢出，看谁踢得远。

游戏规则：在空中将沙包踢出去，如沙包落地后将沙包踢出视为失败。

> 这个游戏可以培养跳跃能力和全身协调配合的能力。

踢包比远

比 一 比

你觉得这个游戏用什么形状的沙包更合适呢？

让爸爸当裁判，跟妈妈比一比看谁踢得远吧。

第五课　投掷类沙包游戏

游戏一：投移动"篮"

游戏方法：六人一组，其中两人面对面拉住双手，组成一个移动的篮筐，其余人排成一队，第一人将沙包向空中抛出，移动篮筐迅速向沙包的方向移动，沙包落入篮中得一分，四人依次完成抛包后分数累计，得分高的队伍获胜。

游戏规则：组成篮筐的两人，在移动时手不能松开。

这个游戏可以培养投掷能力和团结协作的能力。

投移动"篮"

练一练

这个游戏参与的人数较多，叫上你的小伙伴们一起来游戏吧，看看哪个队的得分高。

游戏二：你投我捡

游戏方法：两人一组比赛，每人手持一个沙包站到同一条线上，向前投出手中的沙包，然后听到开始的口令后，快速转身向前跑捡回对方投出的沙包，先跑回投掷线者获胜。

游戏规则：听到开始口令后再出发捡回沙包。

这个游戏可以培养投掷、快速跑和快速反应能力。

你投我捡

比 一 比

分别和爸爸、妈妈进行比赛，看看谁获胜的次数多。

游戏三：放"礼花"

游戏方法：单手持沙包，从胸前、背后或者腋下等不同方向向上抛出后，自己拍手一两次，然后用双手接住沙包，视为"礼花炮"燃放成功，依此方法反复进行。熟练后可以增加拍手的次数，拍手次数多并接住沙包者获胜。

游戏规则：落地后再捡起视为"礼花"燃放失败。

放"礼花"

这个游戏可以培养手眼配合能力和投掷能力。

练 一 练

你的"礼花"能够有几响？ 5响、6响或者更多？

多加练习，你一定能"放出"更高、更多响声的"礼花"来。

游戏四：打野鸭子

游戏方法：两人一组，共分为两组，以石头、剪刀、布的方法决定谁先当"野鸭"或"猎人"，"野鸭"在"湖中"躲闪跑，"猎人"在"岸上"追打，"猎人"手持沙包打"野鸭"，被打到的"野鸭"站到旁边，直到本队所有的"野鸭"都被打下来，然后互换角色，继续游戏。

游戏规则：（1）"猎人"不能进入"湖中"打"野鸭"。

（2）"野鸭"不能跑出"湖水"到岸上来。

这个游戏可以培养手眼配合能力和投掷能力。

打野鸭子

玩 一 玩

- 你是灵活的"鸭子"，还是百发百中的"猎人"呢？
- 这个游戏也可以三个人一起玩，两个"猎人"和一只"野鸭"，谁打中"野鸭"，就互换角色。和你的爸爸妈妈一起来玩这个有趣的游戏吧。

第六课 其他类沙包游戏

游戏一：仰卧传包接力

游戏方法：两人一组，共分为两组，两人相向仰卧于垫子上，双脚夹住同伴的脚，一人双手拿起一个在头顶处的沙包，起身把包传给同伴，同伴仰卧把沙包放在头顶前的区域，最先完成的组获胜。

游戏规则:(1)仰卧起身时不能用手夹住衣服或者大腿起来。

（2）手递手地把沙包传给同伴，不能抛、扔沙包。

这个游戏可以锻炼腰腹力量。

仰卧传包接力

比 一 比

这个游戏在室内就能完成，快和你的家人比一比，看看哪个队伍获胜的次数多。

游戏二:"海豚"顶包

游戏方法:两人一组，一人双腿伸直趴在垫子上，两手放于后腰处，另一人坐在同伴的小腿处手拿着沙包，趴在垫子上的人背部发力，向上用头去触碰沙包，看看谁在规定时间内做得多，做得多者获胜。

游戏规则:(1)趴在垫子上的人手要放在后腰处，起身时手不能碰到地面。

（2）每次起身时头要碰到沙包，如果碰不到沙包不能计数。

这个游戏可以锻炼背部的肌肉力量。

"海豚"顶包

玩 一 玩

爸爸做裁判，跟妈妈比一比，看看在规定时间内，谁做的次数多。

游戏三：合作夹包

游戏方法：两人一组，每个人拿一根体操棒或长约一米的木棍，两人用体操棒共同夹一个沙包，向前走 10 ～ 15 米后返回原点，两人协调配合，速度要一致。两组同时竞赛，最先完成的组获胜。

游戏规则：（1）夹包时手不能触碰包。

（2）如果沙包掉落，需要在掉落的位置夹起沙包，继续游戏。

这个游戏可以锻炼身体协调配合的能力。

合作夹包

比一比

带着你的家人一起来玩这个游戏吧。看看哪一组获胜的次数多。

游戏四：顶"皇冠"走

游戏方法：用下巴夹住沙包进行2次前滚翻，然后拿起沙包放在头顶，顶着沙包前行，中途沙包掉下，原地捡起放在头上继续前行，绕过标志物返回，最先完成比赛即为获胜。

游戏规则：（1）沙包掉落后要在沙包掉落的地方顶好沙包，继续前行。

（2）顶沙包走时手不能触碰沙包。

这个游戏可以锻炼专注力和身体平衡能力。

顶"皇冠"走

玩一玩

游戏前一定要充分热身，特别是头部的活动更要充分哦。跟家人一起玩一玩吧，看谁获胜次数最多。

第七课　设计沙包游戏

玩了这么多沙包游戏，相信你已经很喜欢沙包这个"好朋友"了，接下来请你也设计几个好玩的沙包游戏吧。

游戏名称：＿＿＿＿＿＿＿＿＿　　　　设计人：＿＿＿＿＿＿＿＿＿

游戏方法：＿＿＿＿＿＿＿＿＿＿＿＿＿＿＿＿＿＿＿＿＿＿＿＿＿＿＿

＿＿＿＿＿＿＿＿＿＿＿＿＿＿＿＿＿＿＿＿＿＿＿＿＿＿＿＿＿＿＿＿＿

＿＿＿＿＿＿＿＿＿＿＿＿＿＿＿＿＿＿＿＿＿＿＿＿＿＿＿＿＿＿＿＿＿

游戏规则：＿＿＿＿＿＿＿＿＿＿＿＿＿＿＿＿＿＿＿＿＿＿＿＿＿＿＿

＿＿＿＿＿＿＿＿＿＿＿＿＿＿＿＿＿＿＿＿＿＿＿＿＿＿＿＿＿＿＿＿＿

＿＿＿＿＿＿＿＿＿＿＿＿＿＿＿＿＿＿＿＿＿＿＿＿＿＿＿＿＿＿＿＿＿

游戏名称：＿＿＿＿＿＿＿＿＿　　　　设计人：＿＿＿＿＿＿＿＿＿

游戏方法：＿＿＿＿＿＿＿＿＿＿＿＿＿＿＿＿＿＿＿＿＿＿＿＿＿＿＿

＿＿＿＿＿＿＿＿＿＿＿＿＿＿＿＿＿＿＿＿＿＿＿＿＿＿＿＿＿＿＿＿＿

＿＿＿＿＿＿＿＿＿＿＿＿＿＿＿＿＿＿＿＿＿＿＿＿＿＿＿＿＿＿＿＿＿

游戏规则：＿＿＿＿＿＿＿＿＿＿＿＿＿＿＿＿＿＿＿＿＿＿＿＿＿＿＿

＿＿＿＿＿＿＿＿＿＿＿＿＿＿＿＿＿＿＿＿＿＿＿＿＿＿＿＿＿＿＿＿＿

＿＿＿＿＿＿＿＿＿＿＿＿＿＿＿＿＿＿＿＿＿＿＿＿＿＿＿＿＿＿＿＿＿

四、飞舞的篮球 *

篮球作为一项集竞技、健身、娱乐和益智为一体的集体性运动项目，具有极高的健身、欣赏和审美价值，因此它也自然而然地成为小学生最喜爱的运动项目之一。

《乐享——飞舞的篮球》结合北方工业大学附属学校的优势、学生的兴趣和需要，把篮球作为"一校多品"体育教学走班制改革中的"一品"进行大胆尝试，积极有效地利用篮球这一集体性竞技项目为该校学生的健身和健康服务，满足学生们的篮球运动需求，普及篮球运动开展，提高篮球运动技能和水平，为创建特色学校、打造特色教育、提高教育竞争力起到积极的促进作用。

> 大家好，我是篮球圆圆。说起篮球，大家都很熟悉吧！那么，你知道篮球是谁发明的吗？打篮球之前要做哪些准备？篮球运动有多少种技术名称？下面就让我们一起学习吧！

第一课　篮球发展史

> 小朋友们：你对篮球的了解有多少呢？今天，篮球圆圆就给你讲讲篮球的起源和中国篮球的发展史，让你快速了解这项运动，你一定要认真听哦。

1. 篮球的起源

篮球运动是 1891 年由美国人詹姆斯·奈史密斯发明的。当时，他在马萨诸塞州斯普林菲尔德基督教青年会训练学校任教。由于当地盛产桃子，这里的儿童又非常喜欢做用球投入桃筐的游戏。这使他从中得到启发，并博采足球、曲棍球

＊编者：梁飞，毕业于首都体育学院运动训练专业，一级教师。

等其他球类项目的特点，创编了篮球游戏。最初的篮球游戏比较简单，场地大小和参加游戏的人数没有限制。比赛队员分成人数相等的两队，分别站在球场的两端，在裁判员向球场中央抛球后，双方队员立即冲进场内抢球，并力争将球投进对方的桃筐。因为桃筐是有底的，球投中以后就留在篮子里，人必须登上专设的梯子才能将球从桃筐里取出。随着场地设施的不断改进，桃筐取消了筐底，并改用铁圈代替桃筐，用木板制成篮板代替铁丝挡网，场地增设了中线、中圈和罚球线，比赛改由中场跳球开始。与此同时，场上比赛队员也通常改为每队 5 人，开始有后卫、守卫、中锋、前锋、留守等位置之分。此外，奈史密斯制订了一个不太完善的竞赛规则，共 13 个条款，其中规定不允许带球跑、抱人、推人、绊人、打人等。这大大提高了篮球游戏的趣味性，并且吸引了更多的人来参加这一游戏，从而使篮球运动很快普及全美国。1892 年，篮球运动首先从美国传入墨西哥，并很快在墨西哥各地得到开展。这样，墨西哥成为除美国外，第一个开展篮球运动的国家。1896 年，美国人鲍勃·盖利将篮球传入中国。

2. 中国篮球的发展史

篮球运动传入中国后按照社会变迁及篮球技、战术发展和竞赛活动分为三个阶段：1895—1949 年为第一阶段，这是篮球传入中国后的第一个时期，篮球运动主要在天津、上海及北京等有限的城市青年会组织和某些中等以上学校少数学生中开展，男子篮球 1914 年列为正式比赛项目；女子篮球于 1930 年列为正式比赛项目。1949—1995 年为第二个阶段，篮球运动在中国传播、普及、发展进入了一个新阶段，1949 年后的 17 年是中国篮球事业第一个辉煌发展的历史阶段。1974 年，中国恢复了在国际篮球组织的合法席位，从此走上国际竞技舞台，国家男女篮球队曾接连居亚洲榜首并达到世界先进水平。1996 年至今为第三个阶段，中国篮协于 1996 年首先改革传统的竞赛体制，逐步向职业化过渡，进而有序地推动篮球运动产业化进程。1997 年成立了国家体育总局篮球运动管理中心。1998 年，中国大学生体协推出了 CUBA 联赛。

跟你的爸爸妈妈讲一讲篮球运动的起源和中国篮球的发展史吧。

第二课　篮球运动前的准备工作

> **小朋友们**：进行体育锻炼之前，做好必要的准备工作很重要。那么练习篮球之前要做哪些具体的准备呢？听篮球圆圆给你讲一讲。

1. 着装准备

由于篮球运动项目的特殊性，练习时除了要穿篮球运动服、篮球运动鞋外，还需注意以下几点。

（1）打篮球时的着装要适合季节变化。

（2）不要佩戴帽子、首饰或其他配件，以免打篮球过程中配件掉落造成损坏、碰伤其他队员或绊倒自己。

（3）确保鞋带已经系紧，以免打篮球时鞋带松开，绊倒自己。

（4）长发的女生在打篮球前，应把头发扎在脑后或者挽起，以免头发散落影响自己视线，避免碰伤和摔伤。

2. 器材准备

小朋友们，篮球是主要的练习器材，但其他器械也很重要——标志筒练习曲线、变线运球；跳绳练习脚下敏捷性；敏感梯练习脚步；弹力绳练习腰部、腿部的力量；网球练习灵敏度和速度。

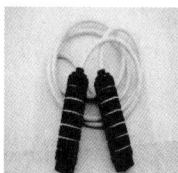

篮球　　　　　　标志筒　　　　　　跳绳

敏感梯　　　　　　弹力绳　　　　　　网球

3. 热身准备

打篮球前一定要充分热身，活动各个关节、充分拉伸，避免运动损伤。

第三课　了解篮球场地

小朋友们：你知道篮球场有多大吗？它是怎么划分的？篮球场地划分都有哪些专业术语？今天就跟着篮球圆圆一起来学习吧。

1. 学一学

篮球比赛场地是一个长方形的坚实平面，长 28 米，宽 15 米，无障碍物。篮球场地有土质、水泥、沥青、塑胶、木质等材质。现在的篮球比赛场以塑胶地面使用较多。

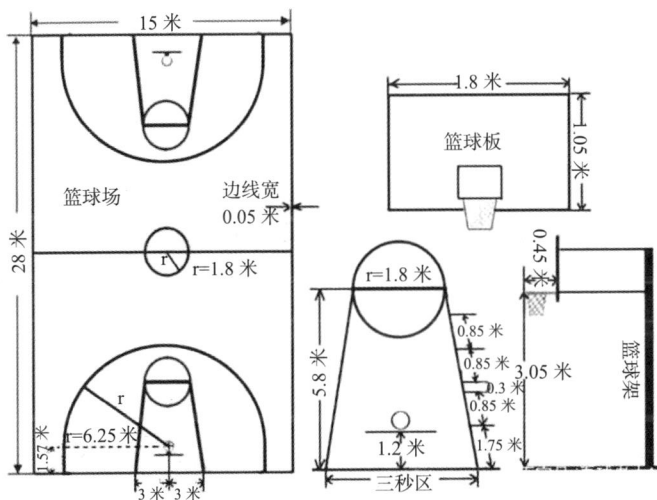

篮球场地示意图

术语

边线、端线

中线

中圈

三分投篮区

限制区

罚球线、罚球区

球队席区域

合理冲撞区

2. 场地准备

日常生活中适宜的篮球练习场地如下：

（1）塑胶运动场。

（2）室外篮球场。

（3）室内篮球场。

（4）平坦的水泥地面。

（5）公园健身区域。

3.身体准备

在进行篮球运动前一定要充分热身，活动各个关节、充分拉伸，避免运动损伤。

第四课 高、低运球

小朋友们：学习篮球运动首先要学会运球动作，这是学习篮球的基础，篮球运动都是在高速运球跑动中完成的动作技术，本节课就请小朋友们和篮球圆圆一起学习篮球动作——高、低运球。

1.高运球

学 一 学

动作方法：练习时腿微屈，上体稍前倾，双目平视，以肘关节为轴，前臂自然屈起，用手腕、手指柔和而有力地按拍球的后上方，球的落点控制在运球手臂同侧脚的外侧，球的反弹高度在腰与胸之间。

动作要点：手按球的部位要合理，手脚配合协调。

练 一 练

（1）2人一组，间隔2米，练习原地高运球，时间为一分钟，两人交替练习。

（2）2人一组，间隔10米，一人直线高运球10米，另一人直线高运球折返。

高运球

比 一 比

（1）看谁能够按照动作方法原地高运球，同伴之间相互计数，比一比谁原地高运球次数最多。

（2）看谁能够按照动作方法直线高运球，第一次用右手，第二次折返用左手完成直线高运球练习。

2. 低运球

学 一 学

动作方法：练习时两腿应迅速弯曲，重心下降，上体前倾，球的落点在体侧，用上体和腿保护球，同时用手腕和手指短促地按拍球的后上方，使球控制在膝关节的高度，两腿用力后蹬继续快速前进，行进间的运球拍球的部位在球的后上方或后侧方。

动作要点：重心下降，上体前倾，按拍球短促有力。

练 一 练

（1）2人一组，间隔2米原地低运球练习，时间为一分钟，两人交替练习。

（2）2人一组，间隔10米，一人直线低运球至10米处，另一人直线低运球折返。

低运球

比一比

（1）看谁能够按照动作方法原地高运球，同伴之间相互计数，比一比谁原地低运球次数最多。

（2）看谁能够按照动作方法直线低运球，第一次用右手，第二次折返用左手完成直线低运球练习任务。

第五课　行进间运球

　　本节课在学习高、低运球的基础上，请小朋友们和篮球圆圆一起学习篮球动作——行进间运球。

1.行进间直线运球

学一学

动作方法：向前运球时，目视前方，上体稍前倾，以肘为轴，用力按拍球的后上方，同时后脚蹬地运球行进，球的落点在同侧脚的侧前方，跑动的步伐与球弹起的节奏协调一致。手、臂动作与原地运球相同。

动作要点：按拍球的后上部位，使球向前上方弹起，跑动步伐与球弹起节奏协调一致。

练一练

（1）4人一组，间隔15米，进行直线步行运球，运球至15米处后折返运球回起点，下一个小伙伴继续。

（2）4人一组，间隔20米，进行直线慢跑运球，运球至20米处后折返运球回起点，下一个小伙伴继续。

行进间直线运球

比一比

（1）看谁能够按照动作方法直线步行运球，第一次用右手，第二次折返用左手完成直线步行运球练习。

（2）看谁能够按照动作方法直线慢跑运球，第一次用右手，第二次折返用左手完成直线慢跑运球练习。

2.行进间体前变向换手运球

学一学

动作方法：右手运球向左侧变向突破时，突然改变球的方向，拍按球的右侧上方，使球从身体右侧弹向左前侧，右脚迅速向左侧前方跨出，上体左转、前倾并探肩，换左手拍按球的左后侧继续加速前进。

动作要点：向左侧变向时，拍按球的右侧上方，把球运向身体的左前侧。向右侧变向时，拍按球的左侧上方，把球运向身体的右前侧；跨步、转体、前倾、探肩等动作协调连贯。

练一练

（1）4人一组，间隔20米，进行直线慢跑运球，运球至10米处后改为体前变向换手运球，曲线绕过3米处的标志筒，折返直线运球回起点，下一个小伙伴继续。

（2）3人一组，一人固定位置防守，另一人体前变向换手运球突破防守，第

3 人抢断。

行进间体前变向换手运球

比 一 比

（1）看谁能够按照动作方法直线慢跑运球，运球至 10 米处后改为体前变向换手运球，曲线绕过 3 米处的标志筒，折返直线运球回起点完成练习任务。

（2）为了增强练习的趣味性、激烈性、对抗性，激发同学们的练习兴趣，在游戏中 3 人一组，一人进行体前变向换手运球，另一人突破防守，第 3 人在其中抢断来完成练习任务。

第六课　传、接球技术

本节课我们在学习行进间运球的基础上继续学习篮球动作——传、接球技术。

1. 双手胸前传球

学 一 学

动作方法：双手持球于胸腹之间，两肘自然弯曲于体侧，身体呈基本站立姿势，眼平视传球目标。传球时，后脚蹬地发力，身体重心前移，两臂前伸，两手腕随之内旋，拇指用力下压，食、中指用力拨球；将球传出。球出手后，两手略向外翻。

动作要点：翻腕、拨指传出球；两臂前伸接球，顺势接球引向身体后侧。

练 一 练

（1）2人一组，面对面进行一定距离（4～5米为宜）的传、接球练习。

（2）"三角传球游戏"——3人一组，（距离4～5米为宜）站成相应的队形，依次传、接球，在规定的时间内，传球次数多的小组为胜。

（3）迎面传、接球比赛，2人一组（可分若干小组），在规定的时间内，以传、接球快且不掉球的小组为胜。

双手胸前传球

比 一 比

（1）看谁能够面对面相互配合完成传、接球练习任务。

（2）看谁能够在游戏活动中相互配合，积极参与传、接球游戏比赛。

2. 行进间双手胸前传、接球

学 一 学

动作方法：与原地双手胸前传、接球的动作结构与方法基本相同，跑动中双手胸前传、接球是一个连贯动作，接、传球时手臂与脚步动作配合要协调，必须在中枢脚离地后、落地前根据接球人的位置迅速、及时、准确地将球传出。

动作要点：传球时，要求在中枢脚离地后、落地前，根据接球人的位置迅速、准确地将球传出。接球时，要求接球人跨步向前迎球。

练 一 练

（1）2人一组，距离4～5米，在跑动中进行双手胸前传、接球练习。

（2）3人一组呈三角形在移动中完成传、接球练习，练习距离20米。

（3）3人一组间隔一定距离（4～5米为宜）进行行进间双手胸前传、接球游戏练习。

行进间双手胸前传、接球

比一比

（1）看看哪组能够配合默契，在跑动中进行双手胸前传、接球练习。

（2）看看哪组能够在游戏活动中相互配合、积极参与传、接球游戏。

第七课　移动技术

本节课我们将在学习传、接球技术的基础上，继续学习第七课篮球动作——移动技术。

1. 侧身跑

学一学

动作方法：侧身跑时，头部和上体向来球的方向扭转，同时侧肩，脚尖和膝盖对着同一方向跑动，头和腰部向球的方向扭转，侧肩，上体和两臂放松，随时观察场上情况，又不影响跑动速度。

动作要点：面向球转体，内侧腿微屈，外侧脚掌内侧蹬地。

练一练

（1）2人一组进行面对面侧身跑，侧身跑直线距离为20米，跑动时看自己身边的小伙伴。

（2）2人一组进行行进间传球练习，侧身跑直线距离为30米，两人同时出发，一人运球慢跑，一人中等速度跑，等运球小伙伴跑至15米时迅速传、接球给侧身跑的小伙伴，接球后运球回起点，2人交换练习。

侧身跑

比 一 比

（1）看看哪组能够配合默契，分组进行面对面侧身跑完成练习任务。

（2）看看哪组能够在直线距离30米内配合默契，完成传、接球给侧身跑的小伙伴的练习任务。

2. 变速跑

学 一 学

动作方法：变速跑突然加速时，用脚掌短促有力地蹬地，重心迅速前移，同时上体前倾，前三步要短小，加快跑动的频率，手臂相应地摆动；突然减速时，步幅稍大，适当降低重心，上体抬起，前脚掌用力抵住地面，减缓重心的前移，从而降低跑速。

动作要点：速度变化突然，快慢衔接紧密，身体重心有变化。

练 一 练

直线慢跑距离为30米，慢跑至15米时，听到哨音后突然加速，手臂前后摆动同时加快跑动的频率，完成练习任务。

侧身跑

比一比

（1）看看哪些同学能够在听到哨音后突然加速，手臂前后摆动同时加快跑动的频率，完成练习任务。

（2）看看谁能掌握加速时上体前倾，减速时上体逐渐抬起的动作要领。

3.变向跑

学一学

动作方法：变向跑时（以右向左变向跑为例），最后一步是右脚落地，脚尖向左侧转，迅速屈膝，上体向左转，右脚用力蹬地，同时左脚向左前方快速迈出，身体重心迅速前移，右脚快速用力蹬地向前迈出，两臂迅速摆动，变向跑的前三步要快速、敏捷。

动作要点：蹬地有力，重心移动快，左脚上步快。

练一练

（1）做好变向跑的预备动作，听到一声哨音时，迅速向左有力蹬地、移动重心快速、左脚快速上一步完成变向跑练习，

（2）听到两声哨音时，迅速向右有力蹬地、移动重心快速、右脚快速上一步完成变向跑练习。

变向跑

比一比

看看谁能够掌握变向跑的方法，方向转得最灵活，并且跑得最快。

第八课　投篮技术

本节课我们在学习移动技术的基础上继续学习篮球动作——投篮技术。

1.原地跳起单手肩上投篮

学一学

动作方法：两脚前后开立（右脚在前），两膝弯曲，重心落在两脚上，右手手腕后屈，持球于右肩前上方，手心空出，左手扶球左侧。投篮时，两脚蹬地，同时右臂向前上方充分伸展，最后用手腕前屈和手指力量将球投出。

动作要点：上、下肢要协调用力，手腕前屈和手指拨球将球投出。

练一练

（1）2人一组一球，相互对投，体会投篮和跳起单手肩上投篮的手法及身体各环节的配合。

（2）列队站于投篮点，每人一球，排头自投自抢，并按顺时针方向换位置至另一组队尾，依次连续练习。

原地跳起单手肩上投篮

比一比

看看哪位小朋友能够掌握原地跳起单手肩上投篮手法和用力方法。

2.行进间篮下单手高手投篮

学一学

动作方法:(以右手为例)两手持球于胸前,两脚前后或左右自然站立,两腿微屈,重心在两脚之间。起跳时两腿迅速屈膝,前脚掌用力蹬地向上起跳,同时迅速举球于头侧上方(起跳和举球动作要协调一致),用右手托球,手腕后屈,左手扶球。当身体接近最高点时,左手离球,右臂伸向前上方,前臂即将伸直时,手腕用力前屈,食、中指拨球,通过指端将球投出,手臂向出球方向自然伸直。落地时屈膝缓冲,保持身体重心稳定。

动作要点:上、下肢要协调用力,手腕前屈然后手指拨球将球拨出。

练一练

(1)2人一组,行进间半场运球、传球、接球,篮下单手高手投篮,互换位置、依次练习。

(2)全场运球投篮,投篮后自抢篮板运球至另一组队尾。

行进间篮下单手高手投篮

比一比

(1)看谁能够完成行进间半场传球、接球、篮下单手高手投篮的动作。

（2）全场运球投篮，投篮后自抢篮板运球至另一组队尾。

3. 行进间篮下低手投篮

学 一 学

动作方法：（以右手投篮为例）右脚跨出一大步，在落地前按球，左脚紧接跨出，步幅稍小，不要减速，有力蹬地向前上方起跳，同时双手持球移至体右侧耳上举，左手离球，右手掌心向上托球，向球篮方向伸出，接着向上屈腕，食指、中指、无名指向上拨球投出。

动作要点：腾空时身体向前上方充分伸展，投篮出手前保持单手低手托球的稳定性。

练 一 练

（1）2人一组，行进间半场传球、接球篮下低手投篮，互换位置、依次练习。

（2）全场运球投篮，投篮后自抢篮板运球至另一组队尾。

行进间篮下低手投篮

比 一 比

看看谁能够掌握运球、传球、接球、篮下低手投篮技术综合练习。

第九课　篮球游戏

本节课我们在学习投篮动作技术的基础上继续学习篮球游戏知识。

1.传球游戏

（1）传一传

游戏方法：将学生分成两组，每组间隔2～3米站立。按下图所示箭头方向传球。

规则：必须按规定的动作要领传球。

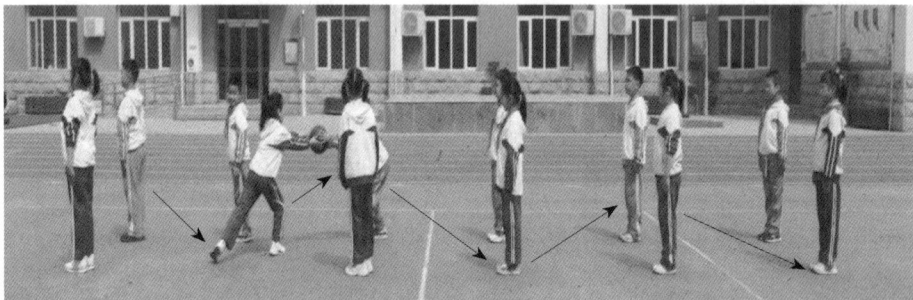

传一传

（2）五角传球

游戏方法：5个学生站成五角星的形状，按画五角星的方法传球。

规则：必须按规定的动作要领传球。

五角传球

（3）看谁传得快

游戏方法：游戏开始，圈中人按同一方向依次传球给本队的每一个人，每人接球后都立即把球回传给本队的圈中人，连续进行。两队互相赶超，超越对方的队为胜。

规则：传球时不能间隔，按顺序进行。

看谁传得快

（4）三人传两球

游戏方法：篮球若干个，将学生分成若干组，每组3人配2个篮球，站成三角形。游戏开始，各组按顺序传、接球（1号—2号—3号—1号）。

规则：传球时，应保持原来队形，两人之间的距离为2～3米；按规定用单手或双手传球。

三人传两球

比 一 比

看看谁能够掌握传、接球等游戏方法。

2. 运球游戏

学 一 学

（1）直线迎面运球接力赛

游戏方法：每班分两组，分别站在两端，由一端队员开始边拍篮球，边走到对面再交给另一个队员，如此反复，看哪一组用时最短。

规则：接球队员要站在线后接球，队员不能抱球跑，否则成绩无效。

直线迎面运球接力赛

（2）曲线运球接力赛

游戏方法：教师发令后，各排头立即按"8"字形绕标志筒运球前进，返回起点后将球交给第二人，自己站到排尾，这样依次进行，最后一人做完后，将球交给排头，排头将球高高举起，以先举球的队为胜。

规则：发令后或接到球后才能越过起点线，运球必须做"8"字形绕环，不得持球跑，运球失误时，应从失误点重新开始。

曲线运球接力赛

（3）运球抢断

游戏方法：一人固定位置防守，另一人左右变向运球突破防守，固定位置的学生抢断。

规则：在一分钟计时内完成抢断。

运球抢断

（4）移动打球

游戏方法：7人一组，6人持球站成半径为2米的圆形，一人站在圆心，听到开始信号后，站在圆心的队员在30秒内快速移动拍打一名持球者手中的球，然后回到圆心，再拍第2名持球者手中的球，依次循环，7人轮换练习。

规则：移动速度快，准确拍打持球者手中的球，快速返回圆心，在规定时间内完成任务，否则无效。

移动打球

比 一 比

看看谁能在规定时间内拍到球的次数最多。

3. 投篮游戏

学 一 学

（1）投墙游戏

游戏方法：墙上画 2～4 个直径 1 米的圆圈。将学生分成人数相等的 2～4 组站在起跑线后，各队排头手持一个篮球。发令后，各队排头迅速向前跑到限制线外投篮，投中后接球跑回，依次进行，先完成的一组为胜。

规则：必须在限制线外投击。

投墙游戏

（2）看谁投得准

游戏方法：在篮球场上，学生分成人数相等的几队，每队在发球线后站好。发令后，从排头依次开始投准，其他学生依次进行直至排尾，每投中一球得 2 分，积分多者为胜。

规则：必须依次按规定动作投篮。

看谁投得准

比 一 比

看看谁能够掌握传、接球等游戏方法。

乐坊

一、乐享数学坊

当你走进丰富多彩的数学实践活动，就会享受数学带来的无穷乐趣，感受数学的无穷魅力。"乐享数学坊"带大家在实践活动中玩数学、学数学、用数学。未来，我们都能拥有一双用数学观察世界的眼睛，感受数学与生活的紧密联系；每个人都能拥有一个用数学思维认识世界的头脑，解决生活中的实际问题。智慧在实践活动中悦动，创造在实践活动中迸发，一起来和数学交朋友吧，做个儿童数学家。

活动一　奇妙的数字编码

1. 活动准备

（1）熟记自己的身份证号码。

（2）可上网的电脑。

2.活动过程

（1）你知道吗?

每个人一出生就有自己的身份证号码。身份证号码是唯一的、终身不变的。

（2）身份证号码中的奥秘

① 填写自己的身份证号码

② 查阅资料

A 身份证号码中隐藏的秘密。

a. 第 1 ～ 6 位：

b. 第 7 ～ 14 位：

c. 第 15 ～ 16 位：

d. 第 17 位：

e. 第 18 位：

B. 从父母的身份证号码中知道了哪些信息?

爸爸：_____

妈妈：_____

C. 身份证的用途。

a. _____   b. _____   c. _____

d. _____   e. _____   f. _____

（3）尝试用数字编码

①篮球   ②棒垒   ③跆拳道   ④跳绳

五年级全体同学每周三下午参加走班制体育活动。体育老师想用编码表示每个同学的信息。

① 数字编码中的信息。

入学年份、班级、体育活动种类、性别（男用单数、女用双数）。

② 五年级一班一个女生参加的体育活动是篮球。

这个女生的数字编码是：

_____

（4）数字编码用处大

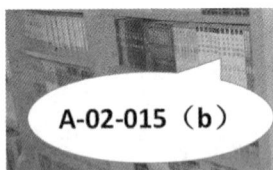

（5）生活中还有哪些数字编码，了解它的含义并记录下来

活动二　自制立体活动小台历

1. 活动准备

（1）准备 4 个大小相同的正方体和一个底座。

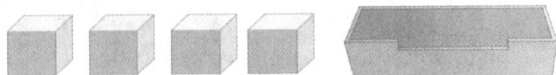

（2）水彩笔。

2. 活动过程

（1）台历的内容

① 月份：12 个月。

② 天数：大月 31 天，小月 30 天，平年二月 28 天，闰年二月 29 天。

③ 星期：每星期 7 天。

（2）台历的设计

① 用一个方块表示星期，有一个面要表示两天。

② 用一个方块表示月份，每个面要写两个月份。

③ 用两个方块表示日期（一个方块表示 0、1、2、7、8、9，另一个方块表示 1、2、3、4、5、6）。

（3）台历的制作

（4）台历的摆放

① 把 4 个正方体放入底座，日历要表示出月、日、星期几。

② 读出表示的日期。

提示：可增加节日的标注，例如元旦、春节、劳动节、儿童节、建党节、建军节、国庆节等。

（5）英文立体小台历的制作

（提示：可以用英文表示月份、星期几；可以加入年份）

活动三　哪条路线最短

1. 活动准备

16 个边长 2 厘米的正方形。

2.活动过程

（1）拼摆

① 把 16 个边长 2 厘米的正方形拼成长方形或正方形。

② 小兔子想围着 3 个图形跑一周，哪个图形的路线最短？

（1）16 个正方形摆 1 行，长方形周长等于 34 个 2 厘米。

（2）16 个正方形摆 2 行，每行 8 个，长方形周长等于 20 个 2 厘米。

（3）16 个正方形摆 4 行，每行 4 个，正方形周长等于 16 个 2 厘米。

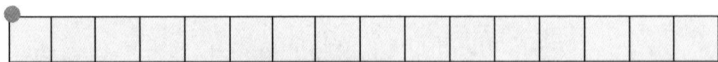

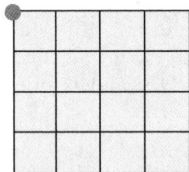

③ 总结：拼成的正方形周长最短。

（2）思考

① 如果是 18 个正方形拼在一起，有几种拼摆方案？

每行 18 个，摆 1 行；每行 9 个，摆 2 行；每行 6 个，摆 3 行。

② 不能拼成正方形时，哪一种拼法周长最短？

总结：长和宽越接近时，周长越短。

（3）实践

24 个小正方形、25 个小正方形拼成的长（正）方形的周长最长、最短分别是多少？

活动四　小小装修设计师

1. 活动准备

测量教室的长和宽。

2. 活动过程

（1）问题

要给教室重新铺上正方形地砖，需要购买多少块地砖，需要多少元？

（2）信息

① 出示教室长和宽的测量结果。

教室长 8 米，宽 6 米。

② 列出地砖规格及单价。

规格	边长 0.5 米	边长 0.6 米
单价	10 元	14 元

（3）方法

① 用学具摆一摆。

② 画一画图形。

（4）解答

① 边长 0.5 米的方砖

A. 沿着长摆 16 块（每行摆 16 块），沿着宽摆 12 块（摆 12 行）。

B. 每行块数 × 行数 = 总块数。

C. 结论：选择边长 0.5 米的地砖，正好铺满。

② 边长 0.6 米的地砖

A. 沿着长摆 13 块（每行摆 13 块），沿着宽摆 10 块（摆 10 行）。

B. 已铺地面用的地砖：每行块数 × 行数 = 总块数。

没有铺的地面用的地砖：计算面积，再考虑地砖的块数。

C.小结：选择边长 0.6 米的方砖，没有铺满，需要切割方砖把空余的部分铺满。

（5）思考：你建议使用哪种规格的方砖，说说自己的理由

活动五　神奇的莫比乌斯带

1.活动准备

（1）长 10 厘米、宽 2 厘米的长方形纸条 2 个。

（2）剪刀、胶棒、一支彩笔。

2.活动过程

（1）莫比乌斯带的由来

公元 1858 年，德国数学家莫比乌斯（Möbius，1790—1868）和约翰·李斯丁发现：把一根纸条扭转 180 度后，两头再粘接起来做成的纸带圈，具有魔术般的性质。普通纸带具有两个面（即双侧曲面）：一个正面，一个反面，两个面可以涂成不同的颜色；而这样的纸带只有一个面（即单侧曲面），一只小虫可以爬遍整个曲面而不必跨过它的边缘。这种纸带被称为"莫比乌斯带"（也就是说，它的曲面只有一个）。

（2）莫比乌斯带的制作

① 把两个长方形先标上序号。

② 把①号两端粘在一起，形成一个环。

③ 把纸条②先捏着一端，将另一端旋转 180° 再粘贴起来，也形成一个环，这就是"莫比乌斯带"。

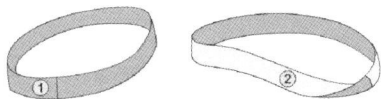

④ 涂一涂。

A. ①号有几个面？能连续不断地涂完吗？

B. ②号有几个面？试着涂一涂②号，能连续不断地涂完整个面吗？

（3）体验神奇性

① 画一画，剪一剪。

画出②号环的中线，用剪刀沿着中线剪开纸环，有什么发现？

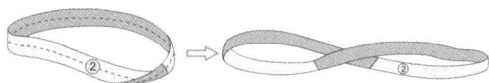

② 沿着离②号边缘 $\frac{1}{3}$ 宽度的地方一直剪下去，会有什么发现？

（4）莫比乌斯带在生活中的应用

活动六　营养午餐

1. 活动准备

计算器。

2.活动过程

（1）餐厅菜谱

编号	菜名
1	猪肉炖粉条
2	炸鸡排
3	土豆炖牛肉
4	辣子鸡丁
5	西红柿炒鸡蛋
6	香菜冬瓜
7	家常豆腐
8	香菇油菜
9	韭菜豆芽

请你选择 3 个自己喜欢吃的菜品，写在下面的横线上。

_____   _____   _____

（2）营养成分表

分别计算一下自己刚才选择的三道菜的热量总和、脂肪总和和蛋白质总和。

编号	菜名	热量 / 千焦	脂肪 / 克	蛋白质 / 克
1	猪肉炖粉条	2462	25	6
2	炸鸡排	1254	19	20
3	土豆炖牛肉	1095	23	11
4	辣子鸡丁	1033	18	7
5	西红柿炒鸡蛋	899	15	16
6	香菜冬瓜	564	12	1
7	家常豆腐	1020	16	13
8	香菇油菜	911	11	7
9	韭菜豆芽	497	7	3

热量总和_____；

脂肪总和_____；

蛋白质总和_____。

（3）四年级学生的营养需求

10 岁左右的儿童从每餐午饭菜肴中获取的热量应不低于 2926 千焦，脂肪应不超过 50 克。

（4）根据营养需求做调整

你刚才选择的 3 个菜品符合营养需求吗？如果不符合要求，自己根据营养需求做调整。

———————　　———————　　———————

（5）学校的营养午餐

学校的午餐注重营养搭配，你是否有挑食的现象呢？是不是根据自己的喜好选择呢？有的同学不喜欢吃青菜，就一点青菜都不要；有的同学不喜欢吃肉，就一点肉都不吃。通过这次实践活动，挑食的同学，你是否会有所改变呢？

（6）温馨提示

在饮食方面，我们要做到不偏食、不挑食，讲究营养均衡，吃出健康。

活动七　七巧板中的数学奥秘

1.活动准备

（1）边长 10 厘米的正方形卡纸。

（2）剪刀、胶棒。

2.活动过程

（1）七巧板的由来

"七巧板"又称智慧板、七巧图，是我国古代的一种拼板工具，是我们祖先的一项卓越的创造。宋朝有个官员叫黄伯思，他对几何图形很有研究，还热情好客，于是发明了一种用 6 张小桌子组成的"燕几"——吃饭用的小桌子。后来又有人把它改进为 7 张桌组成的"燕几"。可以根据吃饭人数的不同，把桌子拼成不同的图形。后来有人把"燕几"缩小到只有七块板，用它拼图，演变成一种玩具。因为它十分巧妙好玩，所以叫它"七巧板"。到了明末清初，皇宫中的人经常用它来庆贺节日和娱乐，拼成各种吉祥图案和文字。故宫博物院至今还保存着当时的七巧板呢！七巧板从发明到现在已有 2500 多年的历史了。18 世纪，七巧板传到国外，立刻引起当地人极大的兴趣，有些外国人通宵达旦地玩它，并叫它"唐图"，意思是"来自中国的拼图"。

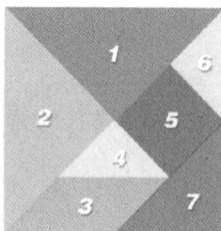

（2）七巧板中的数学奥秘

① 七巧板是哪些图形组成的？

七巧板是由一块正方形，五块等腰直角三角形，一块平行四边形组成的。

② 七巧板中的分数。

大的等腰三角形面积是原正方形面积的 $\dfrac{(\quad)}{(\quad)}$；

小的等腰三角形面积是原正方形面积的 $\dfrac{(\quad)}{(\quad)}$；

小的正方形面积是原正方形面积的 $\dfrac{(\quad)}{(\quad)}$；

平行四边形面积是原正方形面积的 $\frac{(\quad)}{(\quad)}$。

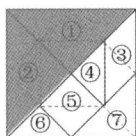 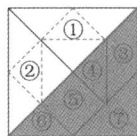 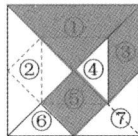 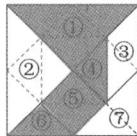

①+② $\qquad$ ③+④+⑤+⑥+⑦ $\qquad$ ①+③+⑤ $\qquad$ ①+④+⑤+⑥

$\frac{1}{4}+\frac{1}{4}=\frac{1}{2}$ $\quad$ $\frac{1}{8}+\frac{1}{16}+\frac{1}{8}+\frac{1}{16}+\frac{1}{8}=\frac{1}{2}$ $\quad$ $\frac{1}{4}+\frac{1}{8}+\frac{1}{8}=\frac{1}{2}$ $\quad$ $\frac{1}{4}+\frac{1}{16}+\frac{1}{8}+\frac{1}{16}=\frac{1}{2}$

③画一画，剪一剪，自制七巧板。

（3）拼成数学图形

 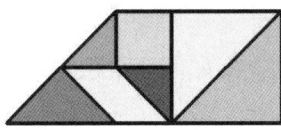

活动八　生活中的三角形支架

1.活动准备

硬纸板、宽胶带。

2.活动过程

（1）支架的共同特点

  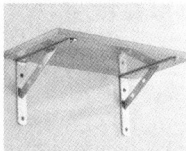 

这些支架都是三角形的。通常情况下，支架以三角形为主进行设计。这是为什么呢？

（2）三角形支架最稳定

这是因为三角形具有稳定性。三角形支架稳固、结实，所用材料也最少。

（3）三角形支架的制作

① 完成同等规格的支架三个。

A. 画图，裁剪出长、宽相同的长方形硬纸板。

B. 用胶带把硬纸板粘牢，形成 3 个三角形支架。

② 实践操作，体验三角形支架的稳定性。

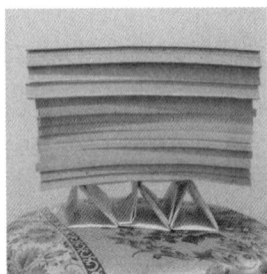

（4）易变形的支架如何变得稳定牢固

通过架梁的方式，可以增加三角形结构，使它变得稳定。

活动九　图形转转转

1. 活动准备

（1）三角形、正方形、长方形、椭圆形、六边形等基本图形若干。

（2）大头针、白纸、彩色铅笔。

2. 活动过程

（1）选择一种图形旋转

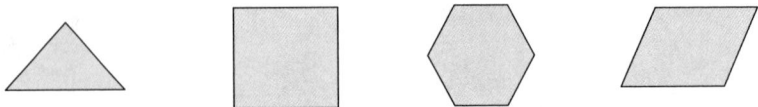

① 剪出数个同一种图形，用大头针固定旋转中心。

② 沿一个旋转中心按相同方向，旋转相同角度。

（2）确定一个自己创意的图形旋转

① 确定好旋转中心，沿较小角度进行旋转，用彩色铅笔画出旋转的痕迹。

② 画出每旋转一次后图形的轮廓线，形成图案。

例如：三角形以一个顶点为中心旋转，旋转后会得到一个近似圆的图案。

（3）旋转图形作品欣赏

（4）寻找生活中的旋转现象

看看身边还有哪些旋转现象吧。

活动十　开动脑筋测体积

1. 活动准备

（1）异形魔方。

（2）量杯、长方体容器、土豆、乒乓球、沙子、水、计算器。

2.活动过程

（1）了解长方体、正方体物体的体积

长方体体积＝长 × 宽 × 高

正方体体积＝棱长 × 棱长 × 棱长

（2）测量土豆的体积

① 量杯接水，看此时水面的刻度，再把小土豆浸没水中，看水面的刻度。计算两次刻度差，增加的体积就是土豆的体积。

② 如果没有量杯，或想测量较大体积的土豆，可用容积稍大的长方体或正方体容器。

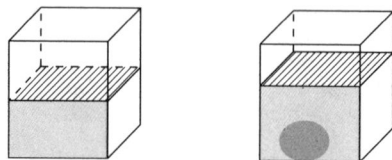

A.从里面测量容器的长、宽、高，放入一定量的水（能浸没土豆）。

B.计算水的体积。

C.把土豆浸没水中，测量此时水的高度，计算土豆的体积。

方法 1：计算水和土豆的总体积

　　　　水和土豆的总体积 - 原来水的体积 = 土豆的体积

方法 2：容器内部的长 × 容器内部的宽 × 两次高度差

（3）测量乒乓球的体积

乒乓球放入水中会漂浮，不能用排水法。可以将沙子或土放入容器中测量。

活动十一　出租车费中的奥秘

1. 活动准备

（1）收集出租车费发票。

（2）查阅资料，寻找生活中的分段计费项目，了解收费标准。

（3）计算器。

2. 活动过程

（1）具体情境

小明和爸爸妈妈通过打车软件约了一辆出租车去奶奶家，距离大约是 9.6 千米。

（2）收集信息

小明看到了出租车的计价器和车窗上的信息。

小明知道了北京出租车每千米收费 2.3 元，可为什么刚上车，计价器就显示 13 元呢？

小明问了司机叔叔这是为什么。司机叔叔解释道："3 千米以内 13 元。"你明白 "3 千米以内 13 元"的意思吗？

是的，只要是 3 千米以内，包括 3 千米，不管路程是多少，就收 13 元。

补充：超过 3 千米的部分，每千米收 2.3 元（不足 1 千米按 1 千米计算）

例如：9.3 千米按 10 千米计算；9.9 千米也按 10 千米计算。

（3）计算车费

_____

_____

（4）质疑收费

① 问题：司机叔叔应收 29.1 元，可司机叔叔说是 32.0 元，这是怎么回事呢?

② 附加费：A. 行驶中的等候时间，按时间段加收费用。

B. 燃油附加费每运次 1.0 元。

请您监督驾驶员使用计价器收费

基本费用 → 29.1元
等候费用 → 2.3元　　32.4
燃油附加费 → 1.0元

③ 四舍五入。

出租车费采取四舍五入的方法——32.4 元四舍五入是 32.0 元。

（5）生活中其他的分段计费

出租车费采用分段计费的方法。生活中还有很多分段计费的现象，例如：水费、电费、燃气费、停车费等。

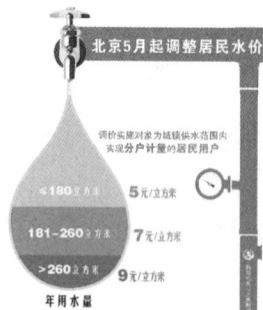

北京5月起调整居民水价

北京市居民生活用气阶梯价格表（2015 年）

分档	户年用气量（立方米）		价格（元 / 立方米）
	一般生活用气（炊事、生活热水等）	壁挂炉采暖用气	
第一档	0～350（含）	0～1500（含）	2.28
第二档	350～500（含）	1500～2500（含）	2.5
第三档	500 以上	2500 以上	3.9

思考：为什么生活中会采取分段计费呢?

活动十二　1立方米有多大

1. 活动准备

硬纸板、直尺、剪刀、宽胶带、胶棒。

2. 活动过程

（1）制作1立方分米的正方体

方法1（准备一张可以画展开图的卡纸）

① 画正方体展开图，棱长是1分米。

② 边画边想象，展开图通过折叠后能否折叠成正方体。

③ 画好展开图后，剪一剪、折一折。

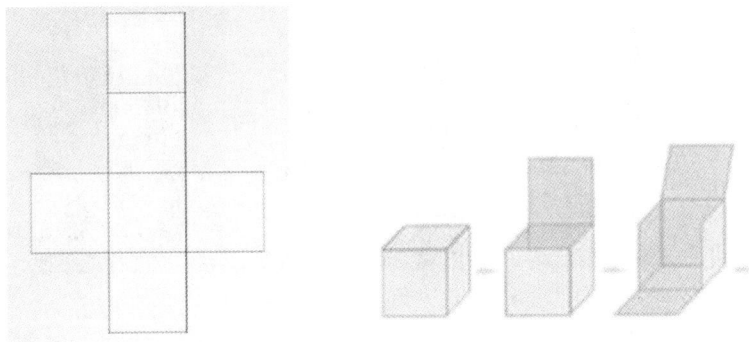

问题：这样只能折成一个正方体，无法粘在一起，需要留有粘贴的部分。

④ 再画展开图，粘成正方体。

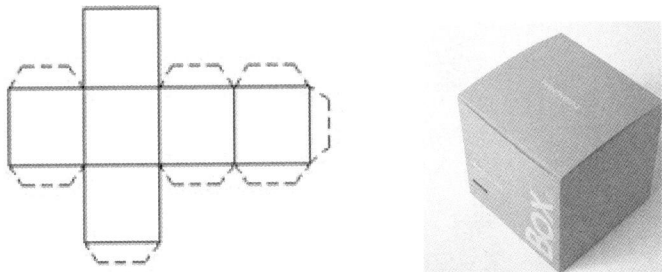

方法 2

①画出边长为 1 分米的正方形 6 个，剪下来。

②用宽胶带粘在一起。

（2）拼搭 1 立方米的正方体

五年级全体学生共同制作 1000 个 1 立方分米。

二、 快乐画图坊*

　　小学信息技术课程的重点是在各类有代表性的应用软件的学习上，把完成实际的信息处理与加工作为教学重点。本课程以提高加工处理信息的意识，利用技术处理加工信息。把提高技术应用的能力、应用意识作为教学的核心，紧紧围绕"用信息技术处理信息"。

　　"快乐画图坊"是利用画图软件设计大量的以应用为目的、以解决问题为核心的素材，让学生在玩中学，不仅能熟练掌握计算机的基本操作，还能锻炼智力，提高解决问题的能力，了解更多知识。

1. 快乐画图坊是什么

　　你知道 Windows 下的画图工具（mspaint）软件吗？

　　它是一款小巧简单的画图软件，操作简单，软件界面简洁美观，打开后就可以对图片进行编辑操作，功能实用，可以很轻松地编辑图片，轻巧地画图，你是不是很感兴趣呢？

　　快乐画图坊就是利用这款小小的画图软件，让你动脑、动手，充分了解画图中各种工具的使用方法和功能，玩出精彩。画图不仅能让你熟练掌握计算机的基本操作，还能锻炼智力，解决很多问题，了解更多知识。不信你就在这个小小画

＊本课程是北京市教育科学规划办"十一五"立项课题一般课题《多角度地选择素材在小学信息技术课上的应用研究》（课题编号：DBB10084）的研究成果之一。

图坊游览一番，一定会让你得到意想不到的收获。

2.画图软件在哪里

这款工具作为 Windows 系统的一部分，不管在炫丽的 Vista 里，还是在强劲的 Win7 下都有它的身影。

方法一：点击开始—程序—附件—画图，调出这个程序。

方法二：在开始中的搜索运行程序中搜索 mspaint，也可以进入。

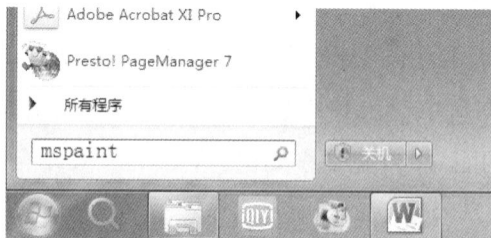

3.这里的不同是什么

画图是小学三年级信息技术课上学习的内容之一。在这里，同学们可以利用画图解决更多的问题，需要动手并开动脑筋哟！

打开画图（mspaint）程序，让我们一起走进画图坊，寻找快乐和智慧吧。

第一课　寻找春节里的画图元素

春节是我国的传统节日，是集祈福禳灾、欢庆娱乐和饮食为一体的民俗大节。

1.开门纳福

春节，家家都要贴春联、贴福字。在喜庆的节日里，请你把福气接进门吧。你能巧妙地把福字贴在大门上吗?

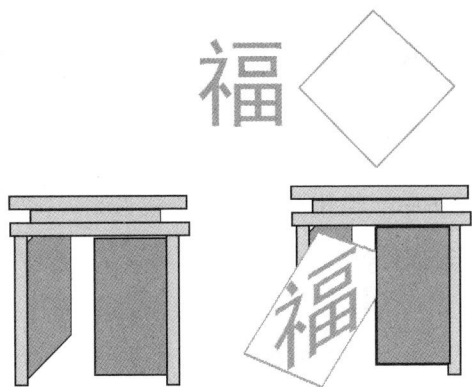

信息：感受中国传统"福"文化的魅力，体验多样的生活情趣。

技术：选定、扭曲。

操作：在"画图"程序中，使用"选定""翻转""按一定角度旋转"等技术，将福字垂直扭曲30度，右门扇半遮盖福字，完成任务。

2."福"真的"倒"了吗

春节来了，在你家门前的斗方中放哪个福字好呢？"福"字是"倒"了，还是"到"了？为什么要选择这个字？

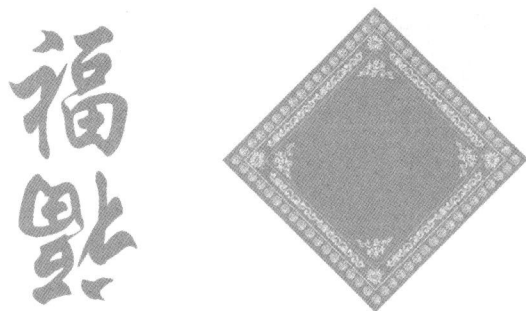

信息：感受中国传统文化的魅力，取谐音"到了"。

技术：选定、移动、透明。

应用：选用倒着的福字移动到红色的斗方中。

3.大红灯笼高高挂

请你在画图程序中利用曲线工具，设计出像下面一样红红火火的大灯笼吧。

信息：感受中国传统习俗的魅力，体验多样的生活情趣。

技术：曲线工具、椭圆工具、复制、翻转。

操作：在画图程序中，使用曲线工具、椭圆工具、复制、翻转，完成任务。

4.安全燃放鞭炮

燃放鞭炮时，高兴之余还要注意自身的安全。请你把鞭炮挂起来，安全燃放吧。

信息：感受中国传统节日习俗的魅力，体验多样的生活情趣，增强安全自护意识。

技术：部分选取、移动、复制、翻转。

操作：在画图程序中，使用选取、移动、复制、翻转，对挂钩部分进行设计制作，完成任务。

5. 大吉大利

"鸡"在中国传统文化中，与吉祥的"吉"谐音，取"吉祥如意"的寓意。请在画图程序中，给自己家设计一个吉祥的《大"鸡"大利》绘画作品吧。

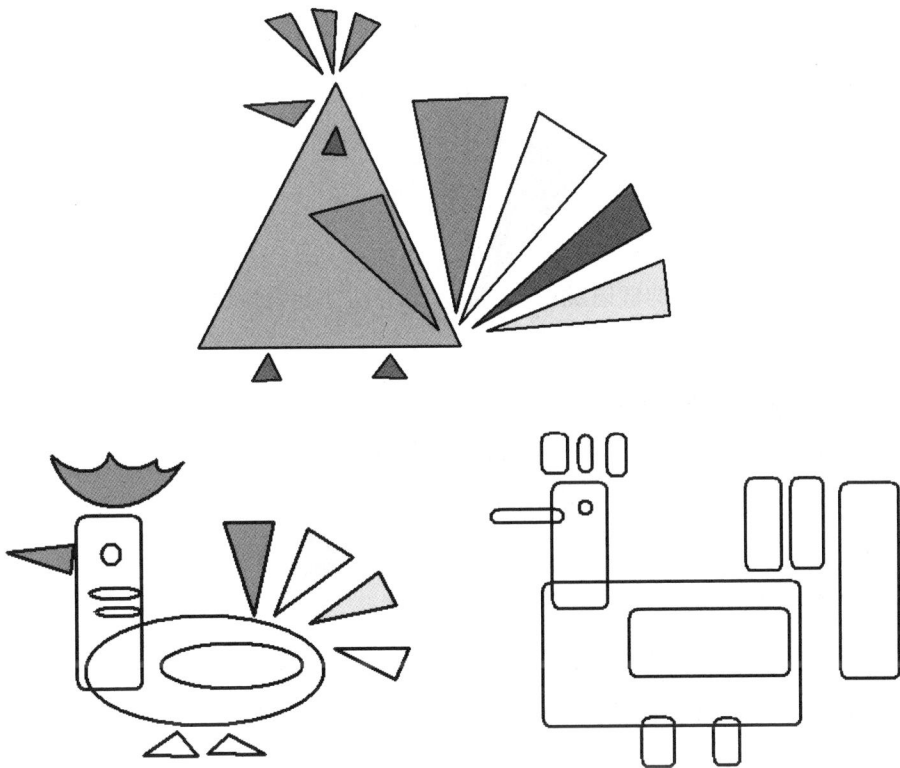

信息：通过对《大"鸡"大利》绘画作品的个性化设计，感受中国传统民俗文化的魅力，体验设计成功的愉悦感。

技术：选定、移动、多边形等图形工具，遮盖、涂色。

操作：在"画图"程序中，使用图形工具，进行图形组合，并填色形成"鸡"的图案，将独特的个性化《大"鸡"大利》画等设计图完成。

第二课　春天的花草都是童话

春天在哪里？春天在青翠的山林里，有红花，有绿草，有会唱歌的小黄鹂；

春天在湖水的倒影里，映出红的花，映出绿的草；春天在那小朋友眼睛里……在画图坊里也有春天。

1. 春天来了

咏柳

唐·贺知章

碧玉妆成一树高，

万条垂下绿丝绦。

不知细叶谁裁出，

二月春风似剪刀。

春天来了，河边的柳树发芽了，用什么办法才能表现出春天"不知细叶谁裁出，二月春风似剪刀"？

信息：感受春天的气息。理解中国古诗。

技术：画笔、喷枪，调色板淡绿色，利用 ctrl 健把喷枪放大。

应用：想办法让柳树发芽，用画笔也可以，最好的方法是用 ctrl 键和加号键组合放大喷枪。

2. 春天里小草的思考

温暖的阳光洒满了原野，有棵小草经不住春天的呼唤，钻出了地面，看了四周她才发现，只有自己。同学们，你们能在画图程序中，运用工具和技术，把这棵小草思念的兄弟姐妹们都召唤出来吗？让荒芜了一个冬天的原野，重新铺满绿色吗？请在下页的图中实现这个场景。

方法：

在画图程序之中，运用复制、粘贴技术，将这棵小草复制到新的画图页中，用白色将小草所带的多余的颜色替换，再将透明设置好，将此独立的小草图像复制、粘贴回原图中。

最后选择快速复制技术（快捷键）复制小草图案，移动到合适位置（注意遮挡关系），最后形成密密匝匝的草原景色。

3. 黄色被绿色"吃"了怎么办

七色光是雨后出现的彩虹，这张图片的彩虹有一个很奇怪的现象，绿色把黄色给"吃"了，原来黄色的地方也成了绿色。你能把原来的黄色给找回来吗？注意在图片上有黄色的样色，你一定会有办法的。

信息：培养操作能力、思维能力，感受图片的魅力。

技术：曲线、取色工具，油漆桶工具。

应用：利用曲线工具在绿色的中间画一条曲线，把绿色分成两部分，再用吸管工具从图片上面取色，用油漆桶填色。

4.这幅图哪里不对

春天来了，同学们到户外跑步踢球，玩得很开心。这是小朋友踢足球的图片，你知道哪里不对吗？我们一起修改一下。

信息：仔细观察与生活息息相关的周围景物。

技术：选择、透明、移动。

应用：这是一道教师演示的素材。通过观察可以发现，学生应该在草坪上踢足球，太阳应该高高地挂在空中，教师通过选取工具进行自定义选取，再经过透明处理后把两个学生和足球移动到草坪上。教师演示，让学生观察，或者教师提示，学生演示操作。

5.考考你的眼力

春天的花开了，太阳出来了。下面两幅图中有六处不同的地方，请把第二幅图中的不同之处改正过来。

信息：动画中也有学问，引导学生仔细观察并思考。

技术：复制、粘贴。

应用：多个图之间的复制、粘贴，改正颜色。

6. 炫酷的小风车

放学了，同学们手拿风车迎着风奔跑，高兴地跳着蹦着。在画图坊里，我们一起绘制风车吧。

利用画图软件怎样绘制风车？

（1）请你利用画图软件的曲线工具，绘制风车部件。

（2）请你将绘制的风车部件，组合成一个完整风车，并按你的喜好给风车上色。

（3）你能将多个风车组合成一个风车组吗？

（4）请你根据风车转动的规律，将缺失的颜色填充完整。

方法：

（1）曲线工具，制作单独风车叶，通过任意角度的90度旋转，以及填充工具填色，完成风车部件的绘制。

（2）运用"任意形状的裁剪"和选定工具，移动部件到相应位置，完成整部风车的绘制。

（3）运用"任意形状的裁剪"和选定工具，移动独立风车到相应位置，完成风车架的绘制。

（4）运用"用颜色填充"工具，按风叶外面的颜色规律"蓝、红、黄、绿"依次填缺失的颜色，完成整部风车的绘制。

信息：通过对风车的个性化设计过程，体验信息技术带给生活的影响；感受中国传统民俗文化的魅力，体验设计成功的愉悦感。

技术：选定、移动、多边形等图形工具，遮盖、涂色。

操作：在"画图"程序中，使用选定、移动、多边形等图形工具，遮盖、涂色等技术，将独特的个性化风车、风车架等设计图完成。

7. 绘制风筝

"草长莺飞二月天，拂堤杨柳醉春烟。儿童放学归来早，忙趁东风放纸鸢。"

北京风筝品种很多，传说曹雪芹所著的《南鹞北鸢考工志》中就有 40 多种扎法，现存的一本《北平风筝谱》中收集了 200 余种北京风筝。

在众多的北京风筝中，有一种性能最好、对全国影响最大，也最具代表性的风筝，那就是外形像一个"大"字的"沙燕儿"。

（1）完成风筝绘画。

请利用"沙燕儿"半成品，在画图程序中设计出完整的风筝。

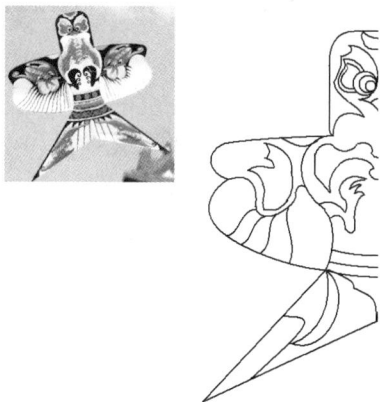

信息：感受传统文化习俗的美感，形成初步的审美能力，体验多样的生活情趣。

技术：选定、翻转、移动、填色。

操作：在"画图"程序中，使用选定、翻转、移动、填色等技术，将"沙燕儿"风筝的头部设计完整，完成任务。

（2）给风筝上色。

请利用"沙燕儿"风筝样品，在"画图"程序中重新填色，设计出自己喜爱的风筝。

提示：一定要注意对称。

第三课　古诗——中国人的骄傲

中国是诗的国度，诗是我国文学宝库的珍宝。唐诗、宋词、元曲……构成了诗歌国度中无比壮丽的景象，饱含着丰富的文化内涵和审美意蕴，是我们祖先智慧的结晶，是中国文化最灿烂的瑰宝之一。

古诗无处不在，在我们画图坊中怎么会没有古诗的影子？

1.古诗赏析

同学们，看出来这些文字是哪一首古诗了吗？请试着将散落的文字整理好。

信息：把古诗引入信息技术学科的学习中，这个素材可以应用于 PPT 教学，也可以应用于画图教学中。

技术：选定、旋转、粘贴。

应用：利用 PPT 中的工具选定和移动旋转完成古诗的排列。（千山鸟飞绝，万径人踪灭。孤舟蓑笠翁，独钓寒江雪）

2. 完成诗配画

两个黄鹂鸣翠柳，一行白鹭上青天。请你根据古诗《绝句》的原文诗意，找找柳树，找找黄鹂，把它们摆放好，将这幅古诗的诗意完整地表达出来。

方法提示：

利用"任意形状的裁剪""选定"工具，交替使用，选定目标图案部件，根据情况，使用"翻转"命令，使其恢复到正确角度，"移动"拼接成完整画面。

信息：感受中国诗歌文化的魅力和中国文字博大浩瀚的艺术内涵。

技术：任意形状的裁剪、选定、翻转。

3.将古诗拼写完整

请你根据古诗《绝句》的原文诗意，用画图中的工具，将散落在画面不同位置的汉字一一找回，把古诗拼写完整。

绝　句
唐　杜甫
两个　鹂鸣翠柳，
一行白　上青天。
窗含西岭千　雪，
门　东吴万里船。

方法提示：

利用任意形状的裁剪、选定工具，交替使用，选定目标文字，根据情况，使用翻转命令，使其恢复到正确角度，移动回诗文的空白缺字之处。

信息：感受中国传统诗歌文化的魅力和中国文字博大浩瀚的艺术内涵。

技术：任意形状的裁剪、选定、翻转命令。

4.我是饲养员

你是一名出色的饲养员，不仅能够让动物们回到草地上，还能让它们有序地排列。试试能做到吗？

信息：这些动物是十二生肖，它们所携带的汉字也是一句古诗：碧玉妆成一树高，万条垂下绿丝绦。

技术：任意形状裁剪、选定、撤销、透明。

应用：画图中自定义选定、透明和撤销的练习。学生在完成这件作品的同时，注意观察给出的图片特点。可以通过十二生肖排列，也可以通过古诗句排列，还要注意摆放的位置，最好是两行。合理地安排位置，在任意形状裁剪中注意图片的完整性。

5. 给古诗《咏鹅》配画面

想办法，把下面画面中的大白鹅缺失的部分添加完整，并根据诗文原意，将"红掌拨青波"画面用图案表达出来。

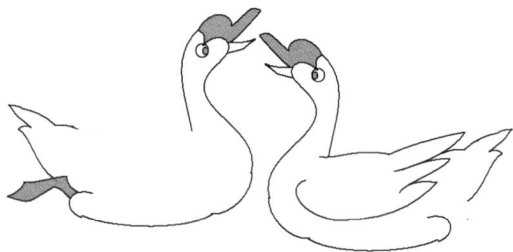

操作提示：

可用复制命令，复制对应部分，再经过翻转操作完成任务要求；也可以直接运用曲线工具，根据个人意愿，直接绘制。

根据原诗文的意境，利用荷花花瓣的半成品素材，组合绘制荷花图案。再利用莲蓬图案和荷叶部件，组合绘制莲花、莲蓬、荷叶的池塘景致。

将上面任务中的那对白鹅图案添加其中，最后完成《咏鹅》古诗的配画设计。

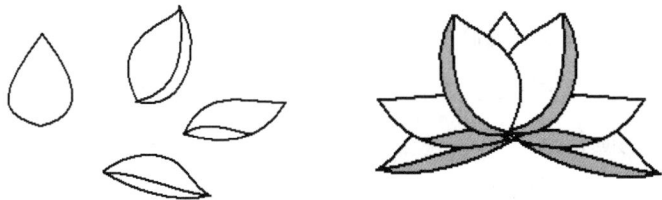

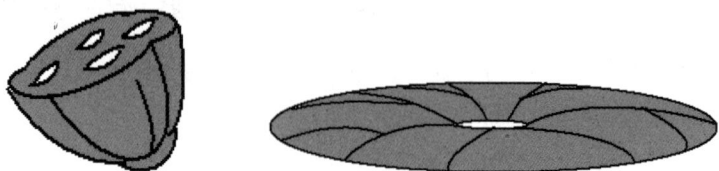

第四课　环保人人有责

环保，全称环境保护，是指人类为解决现实或潜在的环境问题，协调人类与环境的关系，保障经济、社会的可持续发展而采取的各种行动的总称。环境保护人人有责。

1. 画一画环保标志

你知道下面的环保标志代表什么意思吗？你能用画图工具箱中的工具，将环保标志画出来吗？

信息：认识环保标志，加强环保意识。

技术：直线、多边形、曲线、油漆桶工具。

应用：（1）选择"红色"为前景色，用直线工具画垃圾桶。

　　　（2）用曲线工具画废纸。

　　　（3）选择多边形工具画人物，并用油漆桶填色。

2. 为别人的画作起名字

学校组织环保活动，下面是一位同学的绘画作品，你能为它添加上环保标题吗？

你自己能利用画图工具画一幅环保作品，并为作品添加环保名字吗？

信息：关注环保，参与环保活动，增强环保意识。

技术：在图片上添加文字。

应用：（1）用画图工具打开图片。

（2）单击文字工具。

（3）在画面上单击，在出现的文字框中输入文字，例如：请为地球洗个澡吧！

第五课　交通符号里的学问

随着科技的不断发展，我国高速公路发展得越来越好。截至 2022 年底，我国公路总里程已达 535 万千米，其中高速公路达 17.7 万千米，稳居世界第一。了解中国公路，熟悉交通标志对每位同学都有很重要的意义。

1. 帮警察叔叔完成限速标志

有一块限速标志牌没有印上数字，我们来帮助警察叔叔完成它。

信息：多种不同的解决方法。

技术：选择图块，移动图块。

应用：两种解决方法，一种是移动文字，一种是移动指示牌。如果移动指示牌，要选择透明样式。

2.完成禁停标志

学校门口总有乱停车的现象，警察叔叔帮我们树立了禁止停车标志，但上面还没有字。我们来帮忙加上"前方学校""禁止停车"两行字。

信息：培养文字美感。

技术：文字工具和文字工具栏，选择和移动图块。

应用：插入文字是最基本的要求，根据牌子的大小来调整文字的样式和大小，使其美观。需要后期的微调。

3.小小交通员

请你把最后一个会走的交通标志牌做好，放在相应的位置上，注意一定要合适。

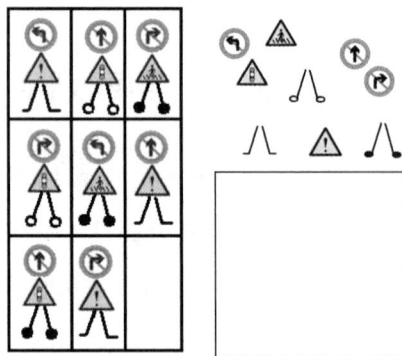

信息：认识交通标志，同时注意观察和思考，找出规律。

技术：自定义选定，移动，缩小移动。

应用：通过观察，用自定义选定后，直接移动(或复制、粘贴)组合成一个交通标志人，利用缩小移动放入最后的位置上。

（标准答案：　　　）

4. 橡皮的思考

观察前三行的规律，把第四行中多余的交通标志用"橡皮"工具擦掉。

信息：观察能力，背景色设置，使用橡皮的能力，认识交通标志。

技术：背景色，橡皮。

应用：观察规律，讨论第四行中需要擦掉的交通标志，然后用橡皮工具把它擦掉。

第六课　卡通也疯狂

你爱看动画片吗？有些动画人物也出现在咱们的画图坊里。

1. 考考你的眼力

有三组图片，每一组都有一个物品和本组不相符，请把它移动到右边对应的方框中。这是考你眼力的好时机，仔细观察并说出为什么。

第一组

第二组

第三组

信息：培养学生的观察能力。

技术：选定、移动、透明。

应用：通过观察找出不同的图片。第一组是青蛙（其他的是陆地动物，青蛙是两栖类动物），第二组卡通梨（其他的是现实中的水果，它是卡通水果），第三组是登山的男孩（其他是神话人物，登山的男孩不是神话人物）。把这些不一样的图片移动到右边的方框中。

2. 西游记的故事

西游记的故事大家都耳熟能详，比如孙悟空三打白骨精、孙悟空大闹天宫等。

在画图坊中，也给孙悟空设计了很多问题，你能解决吗？

（1）大话新西游之孙悟空坐汽车。

你能在画图中利用一个孙悟空变出一群孙悟空，而且让这群孙悟空坐进公共汽车吗？试试看能不能让每个孙悟空都坐在车窗旁边。我很期待。

操作：在画图程序中，使用选定、翻转、移动、复制、遮盖等技术，将每个孙悟空移动到侧窗位置，透明设置，完成任务。

（2）大话新西游之孙悟空坐飞机。

你能让神通广大的孙悟空真正地坐在飞机上吗?

操作：在画图程序中，使用选定、移动、复制、遮盖等技术，将部分复制后的孙悟空图形，按顺序移动到对应位置叠加处理，透明设置，完成任务。

（3）大话新西游之猴影重重。

孙悟空玩得一时兴起，于是使出了重重幻影的绝技，戏耍起来。请你在画图程序中重现这一场景。

操作：在"画图"程序中，使用选定、移动、扭曲、复制、遮盖等技术，将每个扭曲后的孙悟空图形，按顺序移动到对应位置，透明设置，完成任务。

信息：通过对神通广大的孙悟空的"变化"进行技术再现，感受传统文化的魅力，体验设计的愉悦和戏剧性情节冲突的乐趣。

技术：选定、翻转、移动、部分复制、遮盖。

操作：在画图程序中，使用选定、翻转、移动、部分复制、遮盖等技术，将变化多端的场景一一呈现，完成任务。

3. 卡通人物复原记

下图中是电脑中的一些符号组成的9个不一样的卡通人物，其中一个跑到了外面，身体也分解了，你能按照卡通人物的组合规律，把卡通人物重新组合好，放在它应该在的位置上吗？

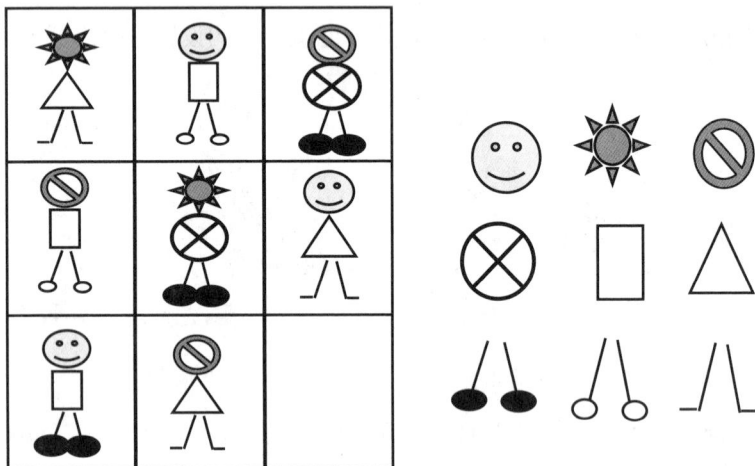

信息：观察规律、认真思考。

技术：选定、移动、透明、缩小移动。

应用：每一行和每一列的头、身体和脚各不相同。"头"选太阳、"身体"选带十字的圆，"脚"选择空圈。通过这样的选定和移动后，先组合成一个卡通人物，再经过选定移动和缩小移动后就完成了任务。

4. 我把狼与羊分开了

在大草原上，懒羊羊遇到了灰太狼，它非常害怕。你作为大自然的勇士，怎样帮助懒羊羊摆脱困境？

想想办法，在草地上加上什么自然景观才能把懒羊羊与灰太狼隔开，从而救下懒羊羊呢？

信息：动画中也有学问，给学生启示，引导学生思考。

在草地中央用曲线画出一条大河，把灰太狼与懒羊羊分开。

技术：双弧曲线的画法。

应用：在草地上添加一条大河，方法："拖—拖—反向拖"。

第七课　生活的乐趣

1. 猜字谜

（1）"王"字多一点。

"王"字添一点，你能分别组成两个字吗？当然点要漂亮一点！

王 王

信息：培养学生的思维能力和表现力。

技术：曲线的应用和点的画法，透明、撤销、选定和移动等技术。

方法："王"字添一点分别是"主"和"玉"。

（2）大、马、王。

"大"字多一点，"马"字多两点，"王"字多三点，如果你知道是什么字，就请你用画图工具把这三个字画出来，字要漂亮、美观！

大 马 王

信息：培养学生的思维能力和多动脑、多动手的习惯，以及应用技术处理信息的意识。

技术：复制、粘贴、选定、移动、曲线工具。

方法："大"字多一点——犬、太；"马"字多两点——冯；"王"字多三点——汪。

（3）心字谜。

这里有一个谜语："一个锅里炒仨豆，飞一个，蹦一个，锅里还剩一个。"你猜猜它是什么字。

心

信息：猜字谜，动脑动手。

技术：曲线工具，点的画法及应用。

应用：这个字是很容易就可以猜到的，是"心"字，楷书中"心"字的点，用画图板中的曲线工具——点的画法是可以表现的。凡是利用曲线工具的都要注意在哪里点第二、第三个点，而且要注意点的方向。

2.收拾凌乱的书籍

同学们，书籍是我们的好朋友，每次看完以后要放回原处，养成良好的读书习惯。请你帮助管理员，把摆放凌乱的书籍，像《格林童话》那样摆放整齐吧。

提示：你可以按照自己的喜好来决定先后顺序。

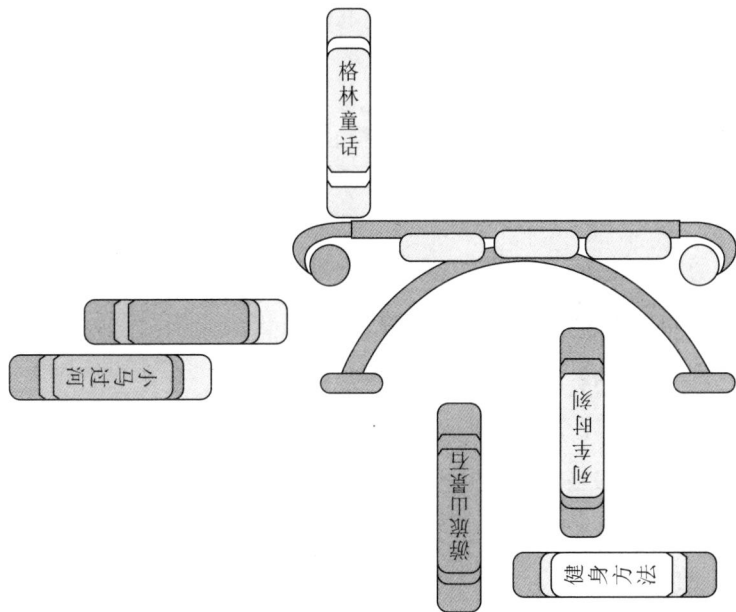

信息：通过整理凌乱的书籍，感受整齐的美感，形成初步的自理能力。

技术：选定、翻转、按一定角度旋转。

操作：在画图程序中，使用选定、翻转、按一定角度旋转等技术，将散落的书籍修正摆放角度，移动到书桌上，与第一本书对齐，完成任务。

3.巧挂雨伞

为了保持地面的整洁，让其他同学能安全通过，请把凌乱的雨伞挂好，并宣传一下用伞公德吧。

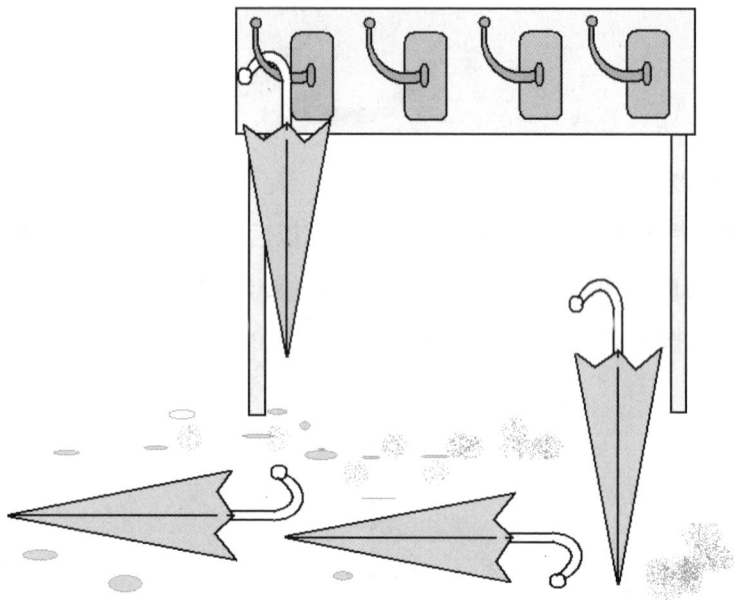

信息：通过整理凌乱的雨伞，感受整齐的美感，形成初步的自理能力，体验关心他人的人间真情。

技术：选定、翻转、移动、部分复制、遮盖。

操作：在画图程序中，使用选定、翻转、移动、部分复制、遮盖等技术，将散落的雨伞修正，调整角度，移动到挂钩上，与第一把伞对齐，完成任务。

4.破镜重圆

四块镜子被不小心摔成了八瓣，想办法让镜子复原吧！

信息：认真思考，仔细观察，细心操作。

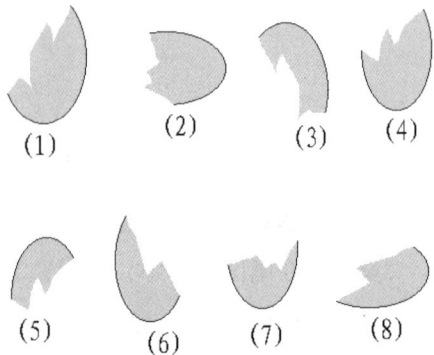

(1)   (2)   (3)   (4)

(5)   (6)   (7)   (8)

技术：选定、移动、透明、旋转（水平旋转、垂直旋转、按一定角度旋转）。

应用：分别采用水平旋转、垂直旋转、按一定角度旋转三种旋转方式解决，这是一个需要观察思考的问题。用于课堂练习是一个很好的选择（练习时为缩小难度可以选择 4 块），（2）和（7）号是最明显的可以组合成一块的两瓣，（2）很明显的有两个尖和（7）的两处凹进去的吻合之后，按 270 度旋转。

［（6）和（8）、（1）和（3）、（4）和（5）分别组成三块］

5. 组装计算机

请你在画图程序中试着画出下面例题中的这套计算机图案。所有部件连接起来，让它像开机了一样，电源指示灯要亮哦！

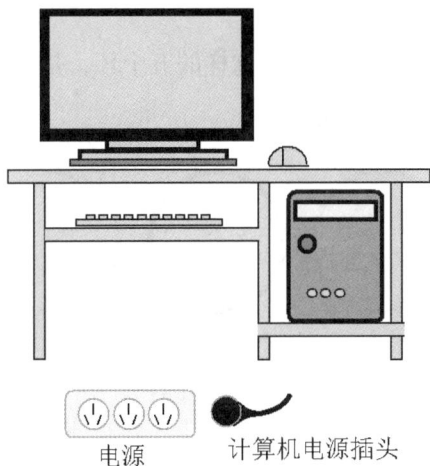

电源　　　计算机电源插头

提示：充分利用画图程序的工具栏，进行组合设计。利用刷子和铅笔工具，进行线的练习，正确连接各个部分；接通电源部分，由于主机和显示器都需要电源，使用复制移动技术，亦可出现部分连接画面，让练习者根据实际情况补充连接线。

信息：感受信息技术设备——计算机的硬件设备连接知识，熟悉硬件设备各部位的功能。

技术：复制、移动、屏幕拷贝技术、移动、缩小。

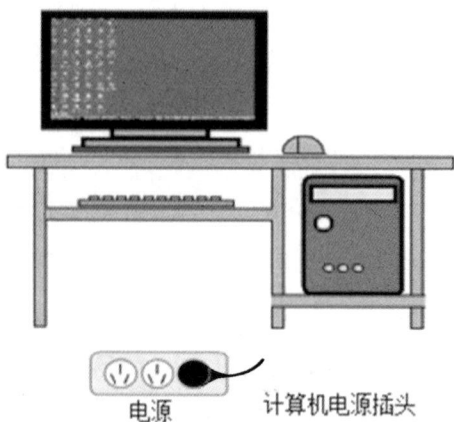

电源　　计算机电源插头

6. 奥运五环

奥运五环同学们都见过，绝不是这样的五个环，是有一定规律摆放的，你能用画图程序制作一个奥运五环吗?

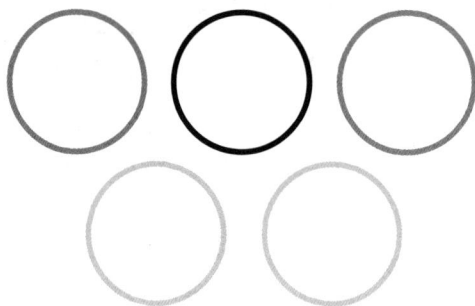

信息：奥运五环，奥运信息的渗透。

技术：任意形状裁剪、透明、移动、层的概念的渗透以及旋转。

应用：展示奥运五环。学生观察五环交错相连。把上层的先裁剪移动到一边，把底层的先放上，再把剪掉移动的部分移动回来就能看出是交错有致了。这个练习要作为最后的提高用。

7. 中国印

北京奥运盛典，将我国的印文化以无与伦比的方式呈现在全世界面前。

请你根据例子，设计一方属于自己的印章吧，把你的印章记录在每一张图画设计之上。

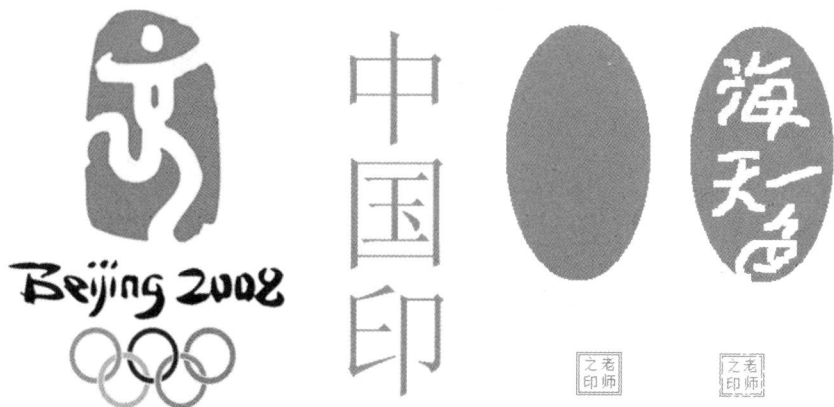

信息：通过对我国印章个性化的设计，感受我国传统文化中的诚信价值观，形成初步的审美能力，体验多样的生活情趣。

技术：放大镜、矩形工具、橡皮、填色。

操作：在画图程序中，使用放大镜、矩形工具、橡皮、填色等技术，将个性化的我国印章设计完整，完成任务。

8. 魔鬼城的故事

我国的国画是画在绢、宣纸、帛上并加以装裱的卷轴画。

下面是六幅漂亮的国画，有的画着满山的红叶，有的山上开满了红色的梅花。突然有一天，来了一种怪物，专门吃国画上的红色。请你迅速地把这六幅画中的红色给填补上吧！

信息：了解我国国画的知识。

技术：油漆桶、前景色、背景色、彩色橡皮、ctrl+ 放大橡皮。

应用：油漆桶上色，由于点太多不能很快地完成，教师可以运用前景色、背景色和彩色橡皮以及放大橡皮等方法完成这部分的活动。

9. 身边的安全标志

（1）禁止烟火。

请根据下面左侧的图例将右侧"禁止烟火"的安全标志制作完整。

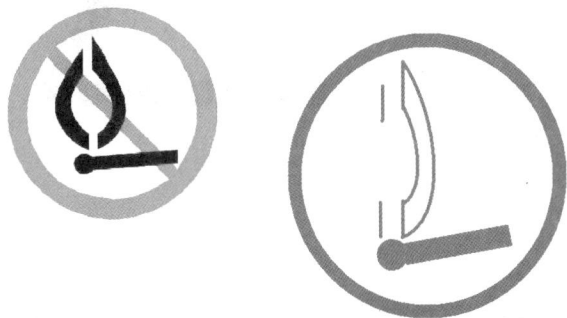

方法：在画图程序中，用颜色填充工具修改颜色，使用直线工具完成"禁止"斜线的绘制。

（2）有电危险。

"有电危险"是提示人们有电的警告标志。请你根据下面左侧的图例，将右侧"有电危险"的标志绘制完成。

方法：

在画图程序中，运用多边形工具完成闪电的绘制。用选定、移动的技术完成错误文字的修改。用文字工具完成缺漏字的补充。

（3）当心触电危险。

下页图是提示有触电危险的警告标志。请你根据左侧的图例，将右侧当心触电危险的安全标志绘制完整。

触电

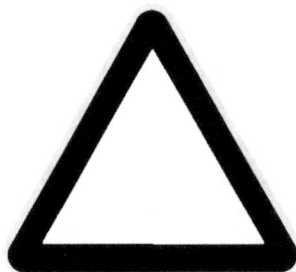

方法：

在画图程序中，使用多边形工具完成闪电的绘制，用文字工具完成缺漏字的补充。

主题信息：感受安全标志的现实意义，提高安全意识。

10. 两枚徽章

我设计的两枚徽章还没有完成，请帮忙把剩下的部分补充完整。

这是一个红五星徽章，我还没有填色，请你帮我填充颜色。

这是一个红十字徽章，里面的红十字还没有画完，请帮忙补充完整。

信息：可以利用画图程序自己设计徽章。

技术：直线、矩形、油漆桶、封口填色、移动、选定。

应用：用油漆桶工具给红五星填色，红五星不是封闭的图形，要先把缺口封上再填色。红十字可以用矩形工具也可以用直线工具，要先在空白处把红十字组装好，之后移动到圆内，完成作品。

11. 立体红五星放光辉

这里有一颗五角星，把它变成立体的红五星吧。

信息：感受立体图形，通过颜色深浅表现立体图形。

技术：画线工具、油漆桶、调色板的应用。

应用：选择油漆桶工具，打开调料盒，选择两种不同的红色——"深红"和"浅红"，在角的中线两边分别涂上不同的颜色。每一个角的相同位置要颜色相同。

第七课　画图益智小游戏

这是一组用画图程序操作的益智小游戏。每一张图片都需要你思考后动手完成，不仅考验计算机应用能力，更是智力的大比拼。

1.独木变成森林

题干：关爱地球，让绿色覆盖大地，让独木变成森林，你能做到吗？（一木为树、两木为林、三木成森，先栽五棵树。）

信息：关爱地球、珍爱绿色的环保信息。

技术：应用选定、复制、粘贴。

2.保护动物

题干：两只动物正在"吵架"，利用篱笆墙分开它们。

信息：爱护动物，对思维能力的展示。

技术：应用自定义选定、移动，把其中的一只动物移动到篱笆墙的另一边。

3.西山红叶好

题干：秋天来了，满山的红叶你看到了吗？

信息：国画中表现红叶的方法。

技术：喷枪用法，选用喷枪模式时要注意疏密结合。

4. 有趣的金鱼

题干：七巧板摆放的金鱼，还有一块没有放上，请你把它放好。

信息：培养观察、思考能力。

技术：翻转与旋转。

5. 彩虹桥

题干：在八条线之间填上七种颜色，做成一架彩虹桥。你能做到吗？

信息：培养思考能力。

技术：封闭图形中填色，油漆桶，封闭图形。

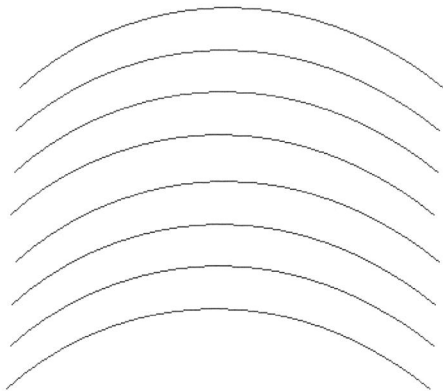

6. 第三种颜色

题干：请发挥一下你的智慧，在红黄两种颜色之间再填上两种不同的颜色。

信息：思考能力。

技术：曲线、油漆桶、封闭填充。

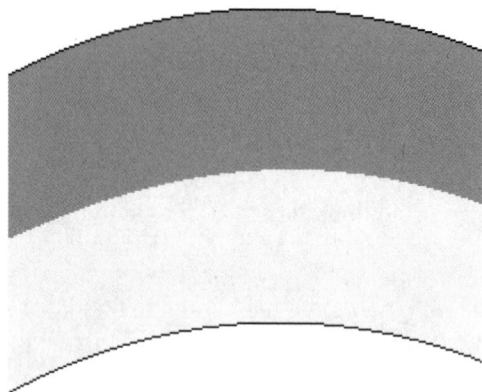

7. 靶标

题干：在圆环上再填上任意两种颜色，让圆环看起来多几个环。你能做到吗？

信息：思考能力。

技术：圆形工具，选定位置，油漆桶填色。

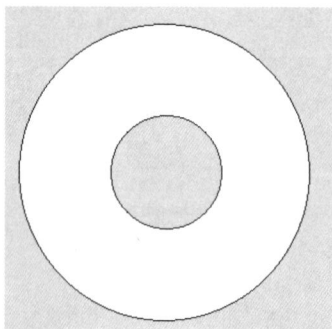

8. 金钟倒挂

题干：把一口钟挂在一根棍子上，要让棍子穿过钟的拉手。

信息：思考能力，生活常识，观察力。

技术：分层、选定、移动、层的渗透。

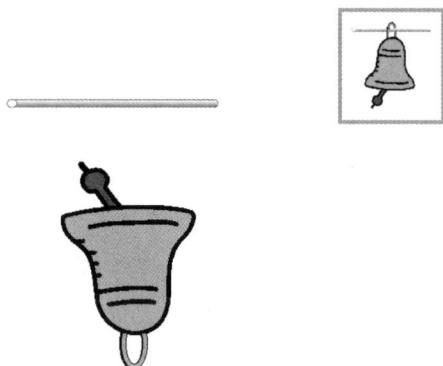

9. 巧接锁链

题干：让圆圈环套环地连接在一起。

信息：观察能力、思维能力的训练。

技术：自定义选定、移动、层的渗透。

10. 杨辉三角

题干：杨辉三角是一个模仿题，操作后要和样本一样。

信息：中华文化传承。

技术：选定、复制、粘贴。

要求：三角形的大小要一样

11. 美丽的窗外景色

题干：从窗户往外看，能看到很多的树。

信息：绿色教育，培养生活观察力。

技术：选定、移动、层的渗透。

12.骑行爱好者

题干：根据自己的生活经验，能不能让骑车人看起来像是在加速骑行？你能完成吗？

信息：培养生活观察能力。

技术：按角度旋转、选定。

13.高空的飞机

题干：现在这架飞机停在地面上，用什么办法可以让人感觉飞机在飞行？

信息：生活经验。

技术：铅笔、橡皮、放大镜等的应用。

三、 乐动四季坊

我国是一个农业大国，古代劳动人民为了更好地进行农事活动，凭借自己的聪明才智和长期的经验积累，与天文学家一起从生活和生产实践中总结出了季节气候的变化规律，创造出了二十四节气。这一中国历法的独特创造，凸显出中华民族的智慧。

二十四节气起源于商周时期，最后定于春秋时期。一年 24 个节气，每个节气之间相隔 15 天，每月两个节气，第一个叫作"节气"，第二个叫作"中气"，现在统称"节气"。

二十四节气都叫什么名字呢？让我们一起来读读吧！

春雨惊春清谷天，夏满芒夏暑相连。

秋处露秋寒霜降，冬雪雪冬小大寒。

每月两节不变更，最多相差一两天。

上半年来六廿一，下半年是八廿三。

同学们，你们知道吗？ 2016 年 11 月 30 日，"二十四节气"被列入联合国教科文组织人类非物质文化遗产代表作名录，成为世界文化遗产。

二十四节气，不仅是这二十四个名字，每一个节气都底蕴丰厚。作为小学生，我们有必要进一步了解和认识它，并把它保护和传承下去。

春有百花秋有月，夏有凉风冬有雪。一年有四季，四季皆不同。让我们一起走进乐动四季坊吧！

第一课 春生

春天，又称春季，是四季中的第一个季节，指立春至立夏期间，包含的节气有立春、雨水、惊蛰、春分、清明、谷雨。

春天是万物复苏的季节，气候温暖适中，我国大部分地区将出现降雨，万物生机萌发，气候多变，乍暖还寒。全国各地出现一派春耕的繁忙景象。

动手记

立春，每年公历 2 月 3 日至 5 日。

今年是 20 □□ 年，立春在 □□ 月 □□ 日。

立春

立春是我国传统节日之一。古籍《群芳谱》对立春解释为："立，始建也。春气始而建也。""立"是"开始"的意思。立春期间气温、日照、降雨开始趋于上升、增多。

立春习俗

打春牛

立春这天，人们用泥或者纸做成春牛，在迎春会上狠狠鞭打，边打边喊："一打风调雨顺""二打国泰民安""三打五谷丰登"等吉祥话语。

作者：北方工业大学附属学校六（2）班　贾依霖

咬春

立春有吃萝卜、春饼和春卷的习俗，这种习俗被称为"咬春"。

"咬春"

✐ 实践天地

你知道立春还有哪些习俗吗？你家在立春这一天通常会做些什么呢？请你简单记录下来。

动手记

雨水，每年公历 2 月 18 日至 20 日。

今年是 20 □□ 年，雨水在 □□ 月 □□ 日。

雨水

雨水表示降水量逐渐增多。雨水过后，全国大部分地区气温回升到 0 度以上。此时正是春耕作物最需要水分的时候。

雨水三候

一候　獭（tǎ）祭（jì）鱼

随着冰层的融化，鱼儿都游到水面来吐气，爱吃鱼的水獭已经饿了一个冬天，现在终于可以饱餐了。

二候　候雁北

南飞的大雁此时又飞回到北方了，它们一会儿排成"人"字形，一会儿排成"一"字形。

三候　草木萌动

越来越多的小草从湿润的泥土里冒出来，看着让人欣喜。

> 我是第一次听说"节气三候"，我要好好读一读。

诗词欣赏

春夜喜雨

唐·杜甫

好雨知时节，当春乃发生。

随风潜入夜，润物细无声。

野径云俱黑，江船火独明。

晓看红湿处，花重锦官城。

作者：北方工业大学附属学校六（2）班　孙嘉凝

动手记

惊蛰，每年公历 3 月 5 日至 7 日。

今年是 20 □□ 年，惊蛰在 □□ 月 □□ 日。

惊蛰

古称"启蛰"，标志仲春时节的开始。动物入冬藏伏土中，不饮不食，称为"蛰"。这时天气转暖，渐有春雷，惊醒蛰居的动物。中国大部分地区进入春耕季节。

惊蛰习俗

吃梨

传说闻名海内的晋商渠家，先祖渠济是上党长子县人，先祖渠济带着信、义两个儿子，用上党的潞麻与梨倒换祁县的粗布、红枣，往返两地间从中盈利，天长日久有了积蓄，在祁县城定居下来。雍正年间，十四世渠百川走西口，正是惊蛰之日，其父拿出梨让他吃后说，先祖贩梨创业，历经艰辛，定居祁县，今日惊蛰走西口，吃梨是为了不忘先祖，努力创业，光宗耀祖。渠百川走西口经商致富，将开设的字号取名"长源厚"。后来走西口的人也仿效吃梨，多有"离家创业"之意，再后来惊蛰日也吃梨，亦有"努力荣祖"之念。

实践天地

在惊蛰节气前后，你有没有见到一些冬眠的小虫出来活动呢?

动手记

春分，每年公历 3 月 20 日至 22 日。

今年是 20 □□ 年，春分在 □□ 月 □□ 日。

春分

阳光直照赤道，昼夜几乎等长。我国广大地区越冬作物将进入春季生长阶段。欧阳修对春分有过这样的描述："南园春半踏青时，风和闻马嘶。青梅如豆柳如眉，日长蝴蝶飞。"

春分习俗

竖蛋

在每年的春分这一天，世界各地会有数以千万计的人做"竖蛋"试验。其玩法简单易行且富有趣味：选择一个光滑匀称的新鲜鸡蛋，想办法在桌子上把它竖起来。虽然失败者颇多，但成功者也不少。春分成了玩"竖蛋"游戏的最佳时间，故有"春分到，蛋儿俏"的说法。

实践天地

"竖蛋"真是一个有意思的活动，不如你也试试，用镜头记录下你的成功瞬间吧！

动手记

清明，每年公历 4 月 4 日至 6 日。

今年是 20 □□ 年，清明在 □□ 月 □□ 日。

清明

清明又叫踏青节，是中国传统节日之一，也是最重要的祭祀节日之一，是祭祖和扫墓的日子。清明一到，气温升高，正是春耕的大好时节，故有"清明前后，种瓜点豆"之说。

清明习俗

荡秋千

这是我国古代清明节的习俗。秋千，意即揪着皮绳而迁移。荡秋千不仅可以强健体魄，而且可以培养勇敢精神，至今被人们特别是儿童所喜爱。

蹴鞠（cù jū）

鞠是一种皮球，起源于宋代，球用皮革做成，球内用毛塞紧。蹴鞠，就是用足去踢球。这是古代清明节时人们喜爱的一种游戏。相传是黄帝发明的，最初目的是用来训练武士。

作者：北方工业大学附属学校教师　李文玉

踏青

又叫春游。古时叫探春、寻春等。三月清明，春回大地，自然界到处呈现一派生机勃勃的景象，正是郊游的大好时光。我国民间长期保持着清明踏青的习惯。

实践天地

"清明前后，种瓜点豆"。你会播种吗？有哪些注意事项呢？可以请教你的劳动技术课老师、科学课老师或者家长，来一次种植体验吧！

动手记

谷雨，每年公历 4 月 19 日至 21 日。

今年是 20 □□ 年，谷雨在 □□ 月 □□ 日。

谷雨

源自古人"雨生百谷"之说。同时也是播种移苗、埯（ǎn）瓜点豆的最佳时节。"清明断雪，谷雨断霜"，谷雨节气的到来意味着寒潮天气基本结束，气温回升加快，大大有利于谷类农作物的生长。

谷雨习俗

谷雨贴

谷雨贴，也叫"禁蝎咒"，属于年画的一种，上面刻绘神鸡捉蝎、天师除五毒形象或道教神符。

谷雨以后，气温升高，病虫害进入高繁衍期，造成了人们受到蜇咬的危险，所以到了"谷雨三月中"的时节，毒性凶猛的蝎子首当其冲成为"打击对象"，这就是所谓的禁蝎习俗。为了减轻虫害对作物及人的伤害，农家一边进田灭虫，一边张贴谷雨贴，进行驱

作者：北方工业大学附属学校
教师　张素玲

凶纳吉的祈祷，以寄托人们消杀害虫、盼望丰收、追求安宁的心理。

食香椿

北方有谷雨食香椿的习俗。谷雨前后是香椿上市的时节，这时的香椿醇香爽口，营养价值高，有"雨前香椿嫩如丝"之说。香椿具有提高机体免疫力，健胃、理气、止泻、润肤、抗菌、消炎、杀虫之功效。

实践天地

你知道谷雨还有哪些习俗吗？请你简单地记录下来。

第二课　夏长

夏季是许多农作物旺盛生长的最好季节，包含的节气有立夏、芒种、小满、夏至、小暑、大暑。我国夏季受来自海洋的暖湿气流的影响，有充足的光照、适宜的温度以及充沛的雨水，给植物提供了所需的条件，农作物进入苗壮成长阶段。

动手记

立夏，每年公历 5 月 5 日至 7 日。

今年是 20 □□ 年，立夏在 □□ 月 □□ 日。

立夏

斗指东南，维为立夏，万物至此皆长大，故名立夏也。人们习惯上都把立夏当作温度明显升高、炎暑将临、雷雨增多、农作物进入旺季生长的一个重要节气。

立夏习俗

秤人

立夏之日的"秤人"习俗主要流行于我国南方，起源于三国时代：传说刘备死后，诸葛亮把他儿子阿斗交赵子龙送往江东，并拜托其后妈吴国孙夫人抚养。那天正是立夏，孙夫人当着赵子龙面给阿斗称了体重，来年立夏再称一次看增加多少体重，再写信向诸葛亮汇报，由此传入民间。据说这一天称了体重之后，就不怕夏季炎热，不会消瘦，否则会有病灾缠身。若体重增，称"发福"；若体重减，谓"消肉"。

作者：北方工业大学附属学校教师　王光

实践天地

在立夏这一天称一称自己的体重，并记录下来吧。

时间：　　　　　　体重：　　　　　　身高：

动手记

小满，每年公历 5 月 20 日至 22 日。

今年是 20 □□ 年，小满在 □□ 月 □□ 日。

小满

小满，其含义是夏熟作物的籽粒开始灌浆饱满，但还未成熟，故称小满。这个时节，油菜籽刚刚成熟，可制成清香四溢的菜籽油。蚕开始结茧，蚕农满怀期望，等待着收获的日子快快到来。

诗词欣赏

小满

宋·欧阳修

我要试着背一背！

夜莺啼绿柳，皓月醒长空。

最爱垄头麦，迎风笑落红。

作者：北方工业大学附属学校六（6）班　孙那钦

小满习俗

祭蚕

相传小满为蚕神诞辰，因此江浙一带在小满节气期间有一个祈蚕节。蚕是娇养的"宠物"，很难养活。气温、湿度以及桑叶的冷、熟、干、湿等均影响蚕的生存。由于蚕难养，古代把蚕视作"天物"。为了祈求"天物"的宽恕（shù）和养蚕有个好的收成，人们在四月放蚕时节举行祈蚕节。

> 如果可以的话，我也要养几条蚕宝宝。

动手记

芒种，在每年公历 6 月 5 日至 7 日。

今年是 20 □□ 年，芒种在 □□ 月 □□ 日。

芒种

芒种字面的意思是"有芒的麦子快收，有芒的稻子可种"。"芒种芒种，忙收忙种。"芒种是农民收割播种最繁忙的时节。此时，我国长江中下游地区将进入多雨的黄梅时节。

芒种三候

中国古代将芒种分为三候："一候螳螂生；二候鵙（jú）始鸣；三候反舌无声。"在这一节气中，螳螂在上一年深秋产的卵破壳生出小螳螂；喜欢阴凉的伯劳鸟开始在枝头出现，并且叫个不停；与此相反，能够学习其他鸟鸣叫的反舌鸟，却停止了鸣叫。

> 你知道吗？每个节气都有三候呢，代表三种物候现象。

实践天地

"黄梅时节家家雨，青草池塘处处蛙。"什么是黄梅时节呢？我要动手查一查。

夏至

动手记

夏至，在每年公历 6 月 20 日至 22 日。

今年是 20 □□ 年，夏至在 □□ 月 □□ 日。

夏至

夏至在二十四节气中很重要，在夏至这一天，北半球白天时间最长，黑夜时间最短，再往后，白天的时间一点点缩短。

歌谣赏析

夏至九九歌

> 真的是这样吗？我要留心记录一下。

夏至入头九，羽扇握在手。

二九一十八，脱冠收罗纱。

三九二十七，出门汗欲滴。

四九三十六，浑身汗湿透。

五九四十五，炎秋似老虎。

六九五十四，乘凉进庙祠。

七九六十三，床头摸被单。

八九七十二，半夜寻被子。

九九八十一，开柜拿棉衣。

动手记

小暑，在每年公历 7 月 6 日至 8 日。

今年是 20 □□ 年，小暑在 □□ 月 □□ 日。

小暑

暑，表示炎热的意思，小暑为小热，意指天气开始炎热，但还没到最热。农谚有"伏天的雨，锅里的米"一说，是指若这时候降雨频繁，对稻子的生长十分有利。

小暑三候

我国古代将小暑分为三候："一候温风至；二候蟋蟀居壁；三候鹰始挚。"小暑时节大地上便不再有一丝凉风，而是所有的风中都带着热浪；由于炎热，蟋蟀离开了田野，到庭院的墙角下以避暑热；在这一节气中，老鹰感受到地面的肃杀之气，学习搏杀。

小暑习俗

"热在三伏",此时正是进入伏天的开始。"伏"即伏藏的意思,所以人们应当少外出以避暑气。民间度过伏天的办法,就是吃清凉消暑的食品。俗话说"头伏饺子二伏面,三伏烙饼摊鸡蛋"。这种吃法便是为了使身体多出汗,排出体内的各种毒素。

> 从今天开始就进入伏天啦!按照节气习俗,我要和爸爸妈妈一起包饺子。

大暑

动手记

大暑,每年公历 7 月 22 日至 24 日。

今年是 20 □□ 年,大暑在 □□ 月 □□ 日。

大暑

大暑节气正值"三伏天"里的"中伏"前后,是一年中最热的时期,气温最高,农作物生长最快,也最适合播种蔬菜,萝卜、白菜、冬瓜等都是在此时下地种植的。

大暑习俗

吃仙草

广东很多地方在大暑时节有"吃仙草"的习俗。仙草又名凉粉草、仙人草，有神奇的消暑功效，被誉为"仙草"。茎叶晒干后可以做成烧仙草，广东一带叫凉粉，是一种消暑的甜品。烧仙草本身也可入药。民谚："六月大暑吃仙草，活如神仙不会老。"

吃凤梨

大暑期间，我国台湾地区有吃凤梨的习俗，民间百姓认为这个时节的凤梨最好吃。加上凤梨的闽南语发音和"旺来"相同，所以也作为祈求平安吉祥、生意兴隆的象征。

实践天地

大暑节气还有哪些习俗呢？找身边的长辈问一问或者动手查一查，并记录下来和大家交流吧！

第三课　秋收

进入秋季，意味着降雨、风暴等趋于下降或减少，在自然界中万物开始从繁茂成长趋向成熟衰落，包含的节气有立秋、处暑、白露、秋分、寒露和霜降。秋天的气候分为两个阶段，即初秋闷热，仲秋后趋向干燥、凉爽。秋风送爽、炎暑顿消、硕果满枝、田野金黄。

动手记

立秋，在每年公历 8 月 7 日至 9 日。

今年是 20 □□ 年，立秋在 □□ 月 □□ 日。

立秋

到了立秋，梧桐树开始落叶，因此有"落叶知秋"的成语。从文字角度来看，"秋"字由"禾"与"火"字组成，是禾谷成熟的意思。秋季是天气由热转凉，再由凉转寒的过渡性季节。

立秋习俗

贴秋膘

民间流行在立秋这天以悬秤称人，将体重与立夏时对比来检验肥瘦，体重减轻叫"苦夏"。因为人到夏天，本就没有什么胃口，饭食清淡简单，两三个月下来，体重大都要减少一点。那时人们对健康的评判，往往只以胖瘦做标准，瘦了当然需要"补"。等秋风一起，胃口大开时，就

作者：北方工业大学附属学校教师　张素玲

要吃点好的，增加一点营养，补偿夏天的损失。补的办法就是"贴秋膘"：在立秋这天吃各种各样的肉，如炖肉、烤肉、红烧肉等，"以肉贴膘"。"贴秋膘"在北京、河北一带民间流行。

啃秋

江南地区在立秋这天有"啃秋"的习俗，也就是吃西瓜。立秋过后，天气逐渐凉爽，西瓜会越来越少，立秋日人们吃西瓜，也有对夏天依依惜别的意思。

> 还记得立夏那天称的体重是多少吗？今天再去称一称，看看你是胖了还是瘦了。不管胖瘦，今天都要记得"贴秋膘"哟！

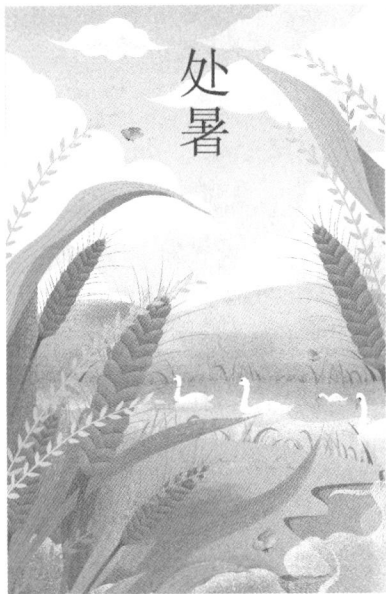

动手记

处暑，每年公历 8 月 22 日至 24 日。

今年是 20 □□ 年，处暑在 □□ 月 □□ 日。

处暑

处暑即为"出暑"，是炎热离开的意思。处暑节气意味着进入气象意义的秋天，降雨量逐渐减少，秋意渐浓。民间向来有"处暑看巧云"之说，天高气爽，正是畅游郊野的好时节。

处暑习俗

吃鸭子

老鸭味甘性凉，因此民间有处暑吃鸭子的传统。鸭子的做法花样繁多，有白切鸭、柠檬鸭、子姜鸭、烤鸭、荷叶鸭、核桃鸭等。北京地区至今还保留着这一习俗，通常处暑当日，人们就会到店里去购买处暑百合鸭。

出游迎秋

处暑之后，秋意渐浓，正是人们畅游郊野迎秋赏景的好时节。处暑过，暑气止，就连天上的那些云彩也显得疏散而自如，不像夏天大暑之时浓云成块。民间向来就有"七月八月看巧云"之说，其间就有"出游迎秋"之意。

实践天地

处暑节气还有哪些习俗呢？找身边的长辈问一问或者动手查一查，并记录下来和大家交流吧！

白露

动手记

白露，每年公历 9 月 7 日至 9 日。

今年是 20 □□ 年，白露在 □□ 月 □□ 日。

白露

天气渐转凉，你会在清晨时分发现地面和叶子上有许多露珠，这是因夜晚水汽凝结在上面。古人以四时配五行，秋属金，金色白，故以白形容秋露。进入"白露"，晚上会感到一丝丝的凉意。

白露三候

我国古人将白露划分为三候："一候鸿雁来；二候玄鸟归；三候群鸟养羞。"意思是说白露节气正是鸿雁与燕子等候鸟南飞避寒，百鸟开始贮存干果粮食以备过冬。

白露习俗

吃龙眼

福建福州有个传统习俗叫"白露必吃龙眼"。龙眼本身就有益气补脾、养血安神、润肤美容等多种功效，还可以治疗贫血、失眠、神经衰弱等多种疾病。

白露茶

民间有"春茶苦，夏茶涩，要喝茶，秋白露"的说法，此时的茶树经过夏季的酷热，白露前后正是它生长的极好时期。

动手记

秋分，每年公历 9 月 22 日至 24 日。

今年是 20 □□ 年，秋分在 □□ 月 □□ 日。

秋分

秋分时太阳几乎直射地球赤道，地球绝大部分地区在这一天昼夜等长。秋分之后，北半球开始昼短夜长，气温降低。在农事上，秋分正是华北地区播种冬小麦的时期，江南地区则是播种水稻的时节。

秋分三候

我国古代将秋分分为三候："一候雷始收声；二候蛰虫坏（pī）户；三候水始涸。"古人认为雷是因为阳气盛而发声，秋分后阴气开始旺盛，所以不再打雷了。第二候中的"坏"同"坯"（pī）是细土的意思，就是说由于天气变冷，蛰居的小虫开始藏入穴中，并且用细土将洞口封起来以防寒气侵入。"水始涸"是说此时降雨量开始减少，由于天气干燥，水汽蒸发快，所以湖泊与河流中的水量变少，一些沼泽及水洼干涸。

实践天地

民间有农谚"一场秋雨一场寒。"你还知道哪些描写秋天的成语或谚语吗？

动手记

寒露，每年公历 10 月 7 日至 9 日。

今年是 20 □□ 年，寒露在 □□ 月 □□ 日。

寒露

寒露的意思是气温比白露时更低，地面的露水更冷，快要凝结成霜了。此时昼夜温差大，适合农作物的生长，北方正值玉米丰收、种植冬小麦的农忙时节，有"寒露种小麦，种一碗，收一斗"的农谚。

寒露习俗

登高

如果说白露时节天气转凉，开始出现露水，那么到了寒露，则露水增多，且气温更低。此时我国有些地区会出现霜冻，北方已呈深秋景象，白云红叶，偶见早霜，南方也秋意渐浓，蝉噤荷残。北京人登高习俗更盛，景山公园、八大处公园、香山公园等都是登高的好地方，重九登高节，更会吸引众多的游人。

寒露三候

"一候鸿雁来宾；二候雀入大水为蛤；三候菊有黄华。"此节气中，鸿雁排成"一"字或"人"字形的队列大举南迁；深秋天寒，雀鸟都不见了，古人看到海边突然出现很多蛤蜊，并且贝壳的条纹及颜色与雀鸟很相似，便以为是雀鸟变成的；美丽的菊花已竞相开放，成为秋天最美的风景。

实践天地

北京的八大处公园每年都会举办"九九重阳登高节"，你去过吗？用镜头记录下秋天的八大处公园吧！

动手记

霜降，每年公历 10 月 23 日至 24 日。

今年是 20 □□ 年，霜降在 □□ 月 □□ 日。

霜降

霜降节气含有天气渐冷、初霜出现的意思，是秋季的最后一个节气，也意味着冬天即将开始。霜降时节，养生保健尤为重要，民间有谚语"一年补透透，不如补霜降"，足见这个节气对人们的影响。

霜降习俗

吃柿子

在我国的一些地方，霜降时节要吃红柿子，在当地人看来，这样不但可以御寒保暖，还能强筋骨，是非常不错的霜降食品。

赏红叶

霜降过后，枫树、黄栌树等树木在秋霜的抚慰下，开始漫山遍野地变成红黄色，如火似锦，非常壮观。

⚙ 诗词欣赏

山行

唐·杜牧

远上寒山石径斜，白云生处有人家。

停车坐爱枫林晚，霜叶红于二月花。

作者：北方工业大学附属学校教师　王光

✐ 实践天地

周末和爸爸妈妈一起去大自然赏红叶吧！

第四课　冬藏

冬天季节，万物开始收藏。冬季是享受丰收、休养生息的季节，它包含的节气有立冬、小雪、大雪、冬至、小寒和大寒。

冬季在很多地区都意味着沉寂和冷清。生物在寒冷来袭的时候会减少生命活动，很多植物会落叶，动物会选择休眠。候鸟会飞到较为温暖的地方越冬。

动手记

立冬，每年公历 11 月 7 日至 8 日。

今年是 20 □□ 年，立冬在 □□ 月 □□ 日。

立冬

立冬，表示冬季的开始。这时降水量减少，天气比较干燥。北方地区农作物进入了越冬期；南方地区进入了"立冬种麦正当时"的最佳时期。

立冬三候

我国古代将立冬分为三候："一候水始冰；二候地始冻；三候雉入大水为蜃。"此节气水已经能结成冰；土地也开始冻结；三候"雉入大水为蜃"中的"雉"即指野鸡一类的大鸟，蜃为大蛤。立冬后，野鸡一类的大鸟便不多见了，而海边却可以看到外壳与野鸡的线条及颜色相似的大蛤。所以古人认为雉到立冬后便变成大蛤了。

这鸟的羽毛和大蛤的花纹还真像呢！

立冬习俗

吃饺子

我国北方地区立冬有吃倭瓜饺子的风俗。味道既与大白菜有异，也与夏天的倭瓜馅不同，还要蘸醋加烂蒜吃，才算别有一番滋味。

热补

在我国南方地区，立冬人们爱吃些鸡鸭鱼肉，炖麻油鸡、四物鸡、姜母鸭来补充能量。

动手记

小雪，每年公历 11 月 22 日至 23 日。

今年是 20 □□ 年，小雪在 □□ 月 □□ 日。

小雪

进入小雪，中国广大地区西北风开始成为常客，气温下降，逐渐降到 0℃以下，但大地尚未过于寒冷，虽开始降雪，但雪量不大，故称小雪。黄河以北地区会出现初雪，提醒人们该御寒保暖了。

小雪习俗

吃糍粑

在南方某些地方，有小雪吃糍粑的习俗。糍粑是用糯米蒸熟捣烂后制成的一种食品，虽然美味，但是吃多了不容易消化。

腌菜

过去受条件所限，冬天新鲜蔬菜很少，价格也贵，因此大家习惯在小雪前后腌菜，冬天可以靠着这些腌制食品下饭。

实践天地

小雪节气还有哪些习俗呢？请你问问身边的长辈，并动手查一查，记录下来和大家交流吧！

大雪

动手记

大雪，每年公历 12 月 6 日至 8 日。

今年是 20 □□ 年，大雪在 □□ 月 □□ 日。

大雪

大雪，标志着仲冬时节的正式开始。大雪的意思是天气更冷，降雪的可能性比小雪时更大，并不指降雪量一定很大。相反，大雪后各地降水量均进一步减少。

大雪三候

我国古代将大雪分为三候：

一候鹖（hé）鴠不鸣。

鹖鴠，就是寒号鸟。学名复齿鼯鼠，经常"哆啰啰"地叫唤，而此时天气寒冷，寒号鸟也不再叫了。

二候虎始交。

每年的 11 月至次年 2 月为老虎的繁殖期，古人认为大雪后老虎开始有求偶行为。

三候荔挺出。

"荔"为兰草的一种，此时感到阳气的萌动而抽出新芽。

实践天地

人们常说，"瑞雪兆丰年"。这句农谚俗语是什么意思呢？请教一下你的科学老师或者爸爸妈妈吧！

动手记

冬至，每年公历 12 月 21 日至 23 日。

今年是 20 □□ 年，冬至在 □□ 月 □□ 日。

冬至

冬至又名"一阳生"，是中国农历中一个重要的节气，也是中华民族的一个传统节日，冬至俗称"数九、冬节"等。这天我国昼最短、夜最长，之后白昼开始慢慢变长。

冬至习俗

吃饺子

"冬至不端饺子碗，冻掉耳朵没人管"是为了纪念医圣张仲景而流传下来的民谣。相传，东汉张仲景辞官回乡时正是冬季，他见乡亲们饥寒交迫，很多人耳朵冻伤了，便把羊肉、辣椒和驱寒药材煮熟后，用面做成耳朵形状分给大家。人们吃了后，冻伤的耳朵都治好了。冬至吃饺子的传统也流传下来。

歌谣欣赏

冬至九九歌

一九二九不出手，

三九四九冰上走，

五九六九沿河看柳，

七九河开，八九燕来，

九九加一九，耕牛遍地走。

动手记

小寒，每年公历 1 月 5 日至 7 日。

今年是 20 □□ 年，小寒在 □□ 月 □□ 日。

小寒

小寒，季冬时节的正式开始。对于神州大地而言，意味着一年中最寒冷的日子到来了。此时进入农历中最后一个月，俗称"腊月"。

小寒习俗

吃菜饭

到了小寒，南京人一般会煮菜饭吃。菜饭的内容并不相同，有用矮脚黄青菜与咸肉片、香肠片或板鸭丁，再剁上一些生姜粒与糯米一起煮，十分香鲜可口。

吃糯米饭

广州的传统是小寒早上吃糯米饭，为避免太糯，一般是 60% 的糯米、40% 的香米，把腊肉和腊肠切碎炒熟，花生米炒熟，加一些碎葱白，拌在饭里面吃。

吃黄芽菜

天津地区有小寒吃黄芽菜的习俗。黄芽菜是天津特产，用白菜芽制作而成。冬至后将白菜割去茎叶，只留菜心，离地二寸左右，覆盖勿透气，半月后取食，脆嫩无比，弥补冬日蔬菜的匮乏。

动手记

大寒，每年公历 1 月 20 日至 21 日。

今年是 20□□ 年，大寒在□□ 月□□ 日。

大寒

这时是中国部分地区一年中最冷的时期，风大、低温，地面积雪不化，呈现冰天雪地、天寒地冻的严寒景象。

大寒三候

中国古代将大寒分为三候："一候鸡始乳；二候征鸟厉疾；三候水泽腹坚。"就是说，到大寒节气便可以孵小鸡了。而鹰隼之类的征鸟，却正处于捕食能力极强的状态，盘旋于空中到处寻找食物，以补充身体的能量抵御严寒。在一年的最后五天内，水域中的冰一直冻到水中央，且最结实、最厚，孩童们可以尽情在河上溜冰（这种活动一般出现在黄河以北地区）。

大寒习俗

这个时节，人们开始忙着除旧饰新，腌制年肴，准备年货，因为中国人最重要的节日——春节就要到了。其间还有一个对于北方人非常重要的日子——腊八，即农历腊月初八。在这一天，人们会用五谷杂粮加上花生、栗子、红枣、莲子等熬成一锅香甜美味的腊八粥。

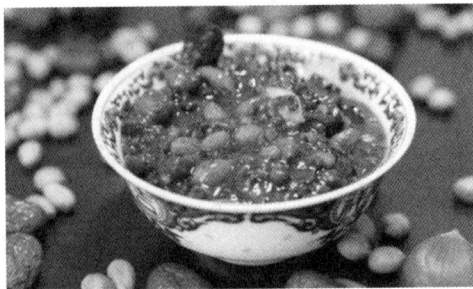

实践天地

冬日里的特色活动——九九消寒图

冬至节气一到，就进入了"数九"。为了消磨漫长的冬季时光，古代人们就发明了九九消寒图。

九九消寒图通常是一幅双钩描红书法，上有繁体的"亭前垂柳珍重待春风"九字，每字九画，共八十一画，从冬至开始每天按照笔画顺序填充一个笔画，每过一九填充好一个字，直到九九之后春回大地，一幅九九消寒图才算大功告成。每天填充的笔画所用颜色根据当天的天气决定，晴则为红，阴则为蓝，雨则为绿，风则为黄，落雪填白。

九九消寒图还有采用图画版的，又称作"雅图"，是在白纸上绘制九朵寒梅，每朵九瓣，一朵对应一九，一瓣对应一天。每天根据天气实况用特定的颜色填充一瓣梅花。元朝杨允孚在《滦京杂咏》中记载："试数窗间九九图，余寒消尽暖回初。梅花点遍无余白，看到今朝是杏株。"

九九消寒图还有一些样式，不如你也试着画一张九九消寒图吧！并根据天气的变化每天填上一部分，坚持81天后，你一定会为自己感到自豪！

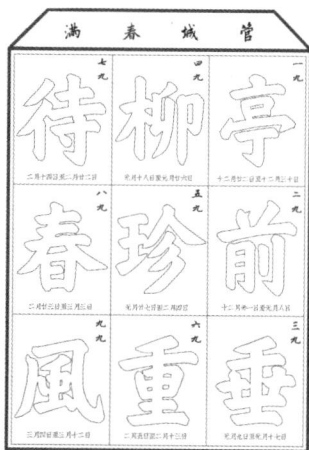